José Raimundo de Melo

Palavra e liturgia
Ciclo Pascal – Ano C

Dados Internacionais de Catalogação na Publicação (CIP)
(Câmara Brasileira do Livro, SP, Brasil)

Melo, José Raimundo de
    Palavra e liturgia : ciclo pascal C / José Raimundo de Melo ; ilustrações Sergio
Ceron. – São Paulo : Paulinas, 2015. – (Coleção Comentário Bíblico Litúrgico)

    ISBN 978-85-356-4036-6

    1. Celebrações litúrgicas 2. Igreja Católica - Liturgia 3. Palavra (Teologia)
4. Quaresma I. Ceron, Sergio. II. Título. III. Série.

15-09844   CDD-242.34

Índice para catálogo sistemático:
1. Quaresma : Liturgia : Cristianismo   242.34

Direção-geral:
Bernadete Boff
Editores responsáveis:
Vera Ivanise Bombonatto e Antonio Francisco Lelo
Copidesque:
Ana Cecilia Mari
Coordenação de revisão:
Marina Mendonça
Revisão:
Sandra Sinzato
Gerente de produção:
Felício Calegaro Neto
Projeto gráfico:
Manuel Rebelato Miramontes
Imagem de Capa:
Sergio Ceron

*Paulinas Editora agradece o artista Sergio Ceron pelas imagens de capa e miolo gentilmente cedidas
para esta obra. Para saber mais sobre o artista: <www.sergioceron.com.br>.*

1ª edição – 2015

*Nenhuma parte desta obra poderá ser reproduzida ou transmitida
por qualquer forma e/ou quaisquer meios (eletrônico ou mecânico,
incluindo fotocópia e gravação) ou arquivada em qualquer sistema ou
banco de dados sem permissão escrita da Editora. Direitos reservados.*

Paulinas
Rua Dona Inácia Uchoa, 62
04110-020 – São Paulo – SP (Brasil)
Tel.: (11) 2125-3500
http://www.paulinas.org.br – editora@paulinas.com.br
Telemarketing e SAC: 0800-7010081
© Pia Sociedade Filhas de São Paulo – São Paulo, 2015

Introdução

A Constituição sobre a Sagrada Liturgia do Concílio Vaticano II, *Sacrosanctum Concilium*, reconhecendo que nas celebrações litúrgicas a Palavra de Deus é de máximo valor, assim dirá: "É necessário fomentar aquele suave e vivo afeto pela Sagrada Escritura, que é confirmado pela venerável tradição dos ritos, tanto orientais como ocidentais" (n. 24). De fato, para a liturgia, a Bíblia é de fundamental importância, já que a Palavra de Deus está à base de qualquer ato litúrgico. Bíblia e liturgia se constituem numa dupla inseparável e convivem sempre na mais perfeita harmonia. A Bíblia completa de tal modo a liturgia, que seria impossível destacá-las ou mesmo distanciá-las de alguma forma.

A profunda união entre Bíblia e liturgia pode ainda ser ilustrada na percepção de que, entre todas as ciências teológicas, só duas são chamadas de "sagradas". E são justamente elas: a "Sagrada Escritura" e a "Sagrada Liturgia". A Sagrada Escritura é assim chamada porque é a norma que normatiza todas as ciências teológicas, não sendo, porém, normatizada por nenhuma delas. Enquanto a Sagrada Liturgia recebe normas só da Sagrada Escritura e, por sua vez, normatiza todas as demais ciências teológicas, com exceção, naturalmente, da Sagrada Escritura.

Por tudo isso, será de novo a mesma Constituição Litúrgica do Concílio quem dirigirá à Igreja o apelo: "que a mesa da Palavra de Deus seja preparada com maior abundância para os fiéis, de modo que os tesouros bíblicos sejam mais largamente a eles abertos" (n. 51). E para que esta recomendação se fizesse bem concreta, a partir da reforma que se seguiu ao último Concílio, permitiu-se nas celebrações a proclamação da Palavra na língua de cada povo. Esse ato talvez se constitua no ponto mais elevado de toda a reforma, pois possibilitou a cada cristão compreender perfeitamente as mensagens escriturísticas, que agora passaram a ser anunciadas na língua própria dos fiéis. E também facilitou a realização do que viria a ser a grande aspiração do Concílio, ou seja, a participação ativa, consciente e plena de todos nas ações celebrativas.

Desse modo, permitiram-se que os "múltiplos tesouros da única Palavra de Deus se manifestassem admiravelmente nas várias celebrações como também nas diversas assembleias dos fiéis".[1] E, assim, a ação litúrgica, que recebe sua força da Palavra de Deus, "converte-se num acontecimento novo e enriquece a Palavra com uma nova e eficaz interpretação" (OLM 3). A Palavra de Deus, pois, "constantemente anunciada na liturgia, é sempre viva e eficaz pelo poder do Espírito Santo e manifesta aquele amor ativo do Pai que jamais deixa de agir entre os homens e as mulheres" (OLM 4).

Toda a Igreja "se edifica e cresce ao escutar a Palavra de Deus, e os prodígios que de muitas formas Deus realizou na história da salvação tornam-se novamente presentes e atuantes nos sinais da celebração litúrgica, de um modo misterioso, mas real. Deus, por sua vez, vale-se da mesma comunidade dos fiéis que celebram a liturgia para que a sua Palavra se propague e seja glorificada, e seu nome seja exaltado entre os povos" (OLM 7).

Tomando viva consciência desta magnífica obra que agora se realiza abundantemente no seio da Igreja, graças à admirável ação do Espírito Santo do Senhor, que jamais deixa de inspirá-la, pensamos em

---

[1] Cf. **Introdução ao Elenco das Leituras da Missa**, n. 3. "Elenco das Leituras da Missa" é o Lecionário contendo as leituras usadas na celebração da Eucaristia. Divide-se em três partes: Lecionário Dominical, Lecionário Semanal e Lecionário Santoral e para as Diversas Circunstâncias. A sua Introdução é muito profunda, apresentando uma rica reflexão sobre o sentido da Palavra de Deus anunciada e celebrada pela Igreja e a ação do Espírito Santo neste anúncio-celebração. Como o seu título, em latim, é *Ordo Lectionum Missae*, ele geralmente é citado pelas iniciais "OLM".

empreender este comentário às celebrações do tempo quaresmal e pascal do Ano Litúrgico. Conforme o título do livro, elas procuram unir *palavra* e *liturgia*, oferecendo uma explanação que parte da Palavra de Deus anunciada na ação eucarística para chegar até os gestos e os símbolos aí celebrados, dando sentido novo à vida daquele que celebra os sagrados mistérios. E talvez aqui se encontre a novidade maior deste nosso trabalho, que se esforça por não separar a Palavra de Deus do culto litúrgico, restituindo aquela união que lhes é tão cara e significativa. O termo deste processo é, sem dúvida, a vida do discípulo que, animada e renovada na celebração litúrgica, floresce magnificamente no dia a dia de sua existência.

Está sendo publicado aqui o material que se refere à Quaresma e à Páscoa do Ano litúrgico C. Mas eis que brevemente será também lançado o material que alude aos anos litúrgicos A e B, de modo a que se chegue a uma completa abordagem dos três anos.

O comentário aqui realizado, após oferecer indicações dos textos das leituras bíblicas, introduz no tema da celebração, comenta a Palavra proclamada, aprofunda a Palavra comentada e conclui unindo palavra e liturgia. São também oferecidas, em dois distintos blocos, sugestões para as celebrações no tempo da Quaresma e da Páscoa, o que pode levar ao bom uso da criatividade na celebração, enquanto oferece elementos úteis relacionados a cada período litúrgico.

Esperamos que este nosso trabalho possa criar no meio do fiel discipulado do Senhor maior amor pela Palavra de Deus anunciada e celebrada na ação litúrgica e maior dedicação à liturgia, que continua a ser o cume e a fonte de toda a vida da Igreja (cf. SC 10).

Quarta-Feira de Cinzas

O convite a converter-se e a crer no Evangelho

Primeira leitura: Jl 2,12-18 – "Rasgai o coração, e não as vestes."

Salmo responsorial: Sl 50(51),3-4.5-6a.12-13.14.17 – "Piedade, ó Senhor, tende piedade, pois pecamos contra vós."

Segunda leitura: 2Cor 5,20–6,2 – "Deixai-vos reconciliar com Deus."

Evangelho: Mt 6,1-6.16-18 – "Ficai atentos para não praticar a vossa justiça na frente dos homens, só para serdes vistos por eles."

Introduzindo o tema

Com a celebração da Quarta-Feira de Cinzas, entramos em cheio no tempo litúrgico da Quaresma. Trata-se de um tempo rico e particularmente importante, por nos inserir intimamente na pessoa de Cristo, no momento em que ele caminha com decisão para a livre e consciente entrega à morte, em favor de cada discípulo e discípula. A essa realidade se une a cada ano, aqui no Brasil, a Campanha da Fraternidade, que procura dar um toque todo particular ao tempo quaresmal, na medida em que leva a colocar em prática, sempre a favor dos nossos irmãos, a espiritualidade desse rico período do ano litúrgico.

A celebração das cinzas, que emprega nome a esta primeira quarta-feira da Quaresma, é capaz de oferecer elementos sólidos e sugestivos para a vida daquele que procura seguir o Senhor Jesus ao longo do caminho. Em primeiro lugar, põe-nos em contato com o elemento material "cinzas", que recorda a penitência, a mortificação dos impulsos humanos, bem como a brevidade e a fragilidade da existência do homem neste mundo. Ligado a isso, também nos oferece outros elementos de grande valia neste tempo, como a escuta orante da palavra da Escritura Sagrada, o jejum e a abstinência, a esmola e a oração. Tudo isso visa a aproximar-nos mais de Deus e de sua misericordiosa presença e pôr-nos na direção dos nossos irmãos.

"Por conseguinte, amados filhos, aquilo que cada cristão deve praticar em todo tempo, deve praticá-lo agora com maior zelo e piedade, para cumprir a prescrição, que remonta aos apóstolos, de jejuar quarenta dias, não somente reduzindo os alimentos, mas sobretudo abstendo-se do pecado."[1]

São, pois, importantes as mensagens que o tempo quaresmal oferece ao discípulo que deseja seguir de perto o Mestre em sua subida consciente e voluntária em direção à Páscoa. O Senhor continua chamando sempre. Cabe ao discipulado dizer "sim" a esse chamado que, com amor, lhe é proposto. Cabe a ele seguir assumindo cada dia a cruz de seus compromissos e obrigações, de seu serviço fraterno e de suas responsabilidades cristãs, em espírito de total doação, colaborando para a construção de um mundo melhor, justo e fraterno, organizado conforme o coração de Deus.

Comentando a Palavra

Pelo ano 400 a.C., uma invasão de gafanhotos transformará a Judeia num grande deserto (Jl 1,4), não restando nem mesmo o suficiente para as oferendas cotidianas do templo (Jl 1,9). Semelhante desgraça dará

---

[1] LEÃO MAGNO, **Sermão 6 sobre a Quaresma**, 1-2. PL 54,285-287; **Liturgia das Horas**, v. 2, 51.

ocasião a que o profeta Joel exorte o povo à conversão, propondo a todos um jejum sagrado. E, aproveitando-se da presente calamidade, o profeta alargará ainda mais tal realidade, recordando o julgamento de Deus e a vida paradisíaca que sucederá no futuro escatológico. Um simples rito penitencial, porém, não será suficiente para preparar o homem ante o iminente juízo, pois se trata de rasgar o coração e não as vestes e voltar-se para Deus com jejuns, lágrimas e gemidos. Ele espera do seu povo não uma mudança circunstancial e passageira, mas uma efetiva conversão do coração.

O Salmo 50, hino do pecador arrependido que derrama sua alma diante do Senhor misericordioso, cantado na missa desse dia como salmo responsorial, encerra uma comovente confissão do pecador compungido que brada sua total confiança: "Tende piedade, Senhor, misericórdia".

Na passagem evangélica que se segue, o conselho de Jesus é evitar qualquer hipocrisia, pois esta destrói a autenticidade do relacionamento com o Pai e com os irmãos: "Guardai-vos de fazer vossas boas obras diante dos homens para serdes vistos por eles" (Mt 6,1). A seguir, o Senhor concretiza mais ainda esse princípio geral, ensinando como se comportar diante de três atividades religiosas bem características: a esmola, a oração e o jejum.

A esmola, considerada na época de Jesus obra de justiça por excelência, era realizada com certa publicidade visando a levar os doadores a cumprirem suas promessas. A oração, em geral, era feita em público, nas sinagogas e nas praças, com grande alarde, para que todos observassem o exemplo do que orava. E o jejum, realizado no tempo de Jesus não por todos, mas por algumas seitas no seio do Judaísmo, frequentemente ganhava caráter propagandístico e ostentatório.

Aprofundando a Palavra

Talvez melhor do que qualquer outra época do ano litúrgico, a Quaresma é tempo que permite conectar a Palavra com a vida concreta do discípulo cristão. Por isso mesmo, o tema da verdadeira e sincera conversão, enfocado na primeira leitura de Joel nesta Quarta-Feira de Cinzas, aparece como exigência para quem se empenha em viver o Cristianismo como um culto em "espírito e verdade", ou seja, como um verdadeiro e próprio "espiritualismo cultual", à maneira dos primeiros discípulos cristãos. Isso significa comprometer-se a caminhar com sinceridade de coração nos caminhos do Senhor, lado a lado e solidário com o irmão, em atitude de fé, de comunhão e de amor.

Nesse sentido é que o profeta convida o povo a uma profunda revisão de vida, pela conversão. Esta deverá partir do mais íntimo do ser, e a confiança na misericórdia de Deus necessitará dominar a pessoa humana em todos os sentidos. Desse modo, a catástrofe e o jejum agradável a Deus conduzem, em Joel, a um patamar escatológico, no qual a purificação e o julgamento asseguram a definitiva felicidade. Hoje também somos convidados à mesma atitude de conversão, à medida que nos deixamos tocar pela Palavra do Senhor e nos comprometemos a caminhar nos seus caminhos, assumindo em concreto a história humana.

Quando o homem, rejeitando o mal no íntimo de si mesmo, abraça o bem, Deus, que respeita sempre a sua liberdade, sente-se "comovido" e "compadecido", e se volta para o discípulo com ternura, dando-lhe novamente a sua bênção. O homem, movido pela graça do alto, é de novo capacitado a fazer a oferenda e a libação cotidianas (Jl 2,14). O jejum agradável a Deus, realizado como uma experiência do íntimo, ganha, conforme sugere Joel, dimensão escatológica e se torna penhor da eterna e feliz vida em Deus.

Mas, para que isso se faça realidade, precisamos ter aquela mesma humildade que resplende no coração do autor do Salmo 50: "Reconheço toda a minha iniquidade [...] foi contra vós que eu pequei [...] criai em mim um coração que seja puro [...]". A dor pelo afastamento que se processa no homem é compensada pela certeza de que um coração contrito e humilhado jamais será desprezado pelo Senhor. Pois este se faz bem atento ao menor sinal de mudança positiva processada na vida do que crê. Tal experiência, muito além de revigorar internamente a pessoa, revela a terna bondade de um Deus que ama o pecador com "escandaloso" amor paterno.

A Quarta-Feira de Cinzas, abrindo o período quaresmal, é tempo propício para desenvolver em cada discípulo a atenção pelo Senhor que nos interpela, nos convida a abandonar os caminhos do mal e, de novo, nos põe íntegros na alegria de sua presença.

Paulo, no trecho da Segunda Carta aos Coríntios, suplica a todos que reconciliem-se com Deus, pois "aquele que não cometeu nenhum pecado, Deus o fez pecado por nós, para que nele nós nos tornemos justiça de Deus" (2Cor 5,21). Não recebamos, pois, em vão a graça, já que nos encontramos no tempo favorável e no dia da salvação. A Quaresma é época propícia à humildade que transforma para melhor a criatura humana.

Deus, sempre fiel, não aceita fingimento nem simulação. Tal tentação, porém, com muita frequência, acompanha nossos passos, mesmo nos momentos mais nobres e sublimes de nossa existência. Daí a necessidade de o homem estar atento para não contaminar com hipocrisia sua relação com o Senhor. A Quaresma é momento privilegiado para ativarmos a nossa caridade através de uma série de importantes práticas religiosas. Estas, porém, devem ser enquadradas em sua verdadeira e própria natureza para também serem capazes de nos conduzir a uma maior proximidade com o Senhor, santificando-nos. Todavia, aquilo que em si é piedoso e sublime, se desvirtuado de sua verdadeira finalidade, pode, ao contrário, se tornar causa de condenação para nós. E aqui reside o cerne da crítica levada a efeito no texto do Evangelho de hoje.

No seu ensinamento, o Senhor deseja restituir o primitivo sentido espiritual da esmola, da oração e do jejum, livrando-os de qualquer mancha de farisaísmo ou falsidade. Ele, na verdade, não condena a esmola, mas apenas a sua exibição, pois nisso se radica a hipocrisia. Nesse caso, a mão esquerda não deve saber o que faz a direita (cf. Mt 6,2-4). Também não pretende induzir a abandonar a oração, feita costumeiramente quando as trombetas do templo anunciavam o começo do sacrifício. Condenável é a oração realizada com o intuito de ser vista pelas pessoas e, por isso, o Mestre ensina-nos a "orar no quarto", no íntimo de cada um, onde Deus penetra os segredos e os propósitos do coração. Na oração, portanto, deve-se prestar atenção não tanto ao lugar mas à intenção (cf. Mt 6,5-6). Também no que se refere ao jejum, o ensinamento é evitar toda ostentação: "Tu, porém, quando jejuares, perfuma a cabeça e lava o rosto, para que os homens não vejam que tu estás jejuando, mas somente teu Pai, que está oculto. E o teu Pai, que vê o que está escondido, te dará a recompensa" (Mt 6,17-18).

A esmola, realizada em favor do irmão sofredor, pode muito bem nos abençoar, porque nos afasta do egoísmo de pensarmos somente em nós e em nossas necessidades imediatas; a oração, pondo-nos em contato direto com os céus, nos conecta com o coração do próprio Deus; o jejum, além de nos deixar mais atentos e receptivos às coisas do alto, ativa a nossa solidariedade fraterna a favor do irmão que padece a dor da fome.

Unindo Palavra e liturgia

A rica liturgia quaresmal, desenvolvida por meio de gestos e sinais vivos e expressivos, pode concorrer para nossa edificação interior, enquanto nos conduz a Deus e nos torna solidários com os irmãos. A Quaresma é tempo de alegre preparação do discipulado do Senhor para a Páscoa. Tal preparação exige mortificação, renúncia, maior abertura à Palavra de Deus, maior zelo nas celebrações e na prática da caridade fraterna; numa palavra, pede-nos a conversão profunda do coração. Na Quaresma, tudo converge para a vitória pascal do Senhor Jesus e tudo nos conduz ao triunfo do Ressuscitado.

Nos três primeiros séculos da Igreja, a celebração da Páscoa não incluía nenhum período especial de preparação. Fazia-se apenas um jejum que durava os dois dias anteriores. Só no fim do século IV, no Ocidente, é que encontramos as primeiras notícias sobre tal preparação, conforme nos atesta, em primeiro lugar, a *Peregrinação de Egéria,*[2] documento escrito entre os anos 381 e 384. Certamente o início da penitência pública, quarenta dias antes da Páscoa, que incluía a inscrição dos que haviam cometido faltas graves, foi determinante na formação da Quaresma. Tal inscrição era feita no primeiro Domingo deste período. Mas, como na Igreja jamais se celebra rito penitencial e jamais se jejua em dia de domingo, a inscrição dos pecadores à penitência passou para a quarta-feira anterior a esse primeiro Domingo, dando origem assim

---

[2] Entre 381 e 384, uma jovem senhora, de nome Egéria, provavelmente de origem espanhola, peregrinou à Terra Santa, com o desejo de visitar os lugares onde vivera Jesus e o povo hebreu. Além de ter composto um diário narrando a viagem, Egéria descreveu com fidelidade a liturgia realizada na Cidade Santa de Jerusalém ao longo do ano litúrgico. Tal descrição influenciou a organização da liturgia de toda a Igreja cristã, tanto do Oriente como do Ocidente. O texto de Egéria foi publicado no Brasil com o nome: **Peregrinação de Etéria.** Petrópolis: Vozes, 1972 (2. ed. 2004).

à Quarta-Feira de Cinzas como início da Quaresma. A escolha deste dia seguramente se deveu ao fato das quartas e das sextas-feiras serem tradicionalmente dias semanais de jejum e abstinência dos cristãos.

O início da penitência pública para os que haviam cometido faltas graves era na segunda-feira depois do primeiro Domingo da Quaresma e, mais tarde, como vimos antes, na Quarta-Feira de Cinzas. Os penitentes neste dia faziam uso de vestes penitenciais e recebiam cinza sobre a cabeça. Seguia-se a sua expulsão da Igreja. A instituição da penitência eclesiástica desapareceu no séc. VI, mas o rito das cinzas se conservou até hoje para todos os fiéis.

Na atual celebração eucarística dos cristãos na Quarta-Feira de Cinzas, dois elementos se unem em vista de criar um clima propício ao recolhimento e à penitência no início da Quaresma: a distribuição das cinzas, que nos liga à bimilenar tradição da Igreja, e as leituras utilizadas na missa. A consciência de que somos frágeis e que, portanto, somos "pó" nos leva a apreciar mais intensamente a misericórdia do Pai que nos amou a ponto de nos oferecer seu Filho único para nossa salvação. Diante dele reconhecemos nossas faltas e nos comprometemos a evitar toda hipocrisia e todo fingimento.

Mas também outros elementos concorrem para a solene entrada no tempo quaresmal. A primeira oração da missa, chamada "coleta", neste dia é uma súplica ao Senhor no sentido de que nos faça iniciar com o jejum este importante período litúrgico e que a penitência nos fortaleça no combate contra o mal. Na bênção das cinzas, rogamos ao Pai que se comova ante os que se humilham e se reconcilie com os que reparam suas faltas, para que nos dê um coração purificado em vista das celebrações pascais. Na oração sobre as oferendas, pedimos a graça de dominar nossos maus desejos. Por fim, na oração pós-comunhão, imploramos que o jejum deste dia seja agradável a Deus e nos sirva de remédio.

A Quarta-Feira de Cinzas, além de ser importante dia penitencial, pode nos conduzir a uma rica e fecunda espiritualidade quaresmal, a um frutuoso encontro com Cristo e a uma forte vivência litúrgico-celebrativa. Celebremos, pois, com intensidade este grande dia, deixando que o espírito litúrgico que o anima venha habitar em cada um de nós. Deste modo, poderemos colher importantes frutos, ao permitir que se integrem em nós a Palavra que o Senhor nos anuncia, nossa existência por ele transformada e a liturgia que anima todo o nosso ser.

Algumas sugestões para as celebrações no tempo da Quaresma

O Tempo de Quaresma se estende da Quarta-Feira de Cinzas à missa da Ceia do Senhor exclusive. Inicia-se, então, o tríduo pascal da paixão e ressurreição do Senhor, cujo ponto alto é a celebração da Vigília Pascal na noite santa. Os domingos da Quaresma têm precedência até mesmo sobre as festas do Senhor e sobre qualquer solenidade. Não é necessário que o rito das cinzas seja unido à missa, podendo ser celebrado sem esta. Nesse caso, pode ser iniciada por uma liturgia da Palavra, composta pelas leituras do dia, homilia, bênção e imposição das cinzas e oração dos fiéis.

Na Quarta-Feira de Cinzas, as leituras da missa são as mesmas, quer se trate do Ano A, B ou C. No tempo quaresmal não se canta o *Glória* nem o *Aleluia*. No terceiro, quarto e quinto Domingo de Quaresma pode-se utilizar as leituras do Ano A, que deram o nome a esses domingos (domingos da samaritana, do cego de nascença, de Lázaro), bem como a realização dos "escrutínios" para a iniciação cristã dos adultos.

Um gesto de grande importância na missa da Quarta-Feira de Cinzas é, sem dúvidas, a bênção e a colocação das cinzas sobre as cabeças dos fiéis. Contando já com uma história bimilenar na Igreja, a imposição das cinzas neste dia é apenas um símbolo exterior, mas de intenso significado interior. Além de sugerir que devemos romper pela raiz nosso orgulho e nossa vanglória, recorda-nos de que a vida de cada um de nós só ganhará sentido se for vivida a serviço dos irmãos. A distribuição das cinzas deve conduzir a assembleia a uma sadia e frutuosa reflexão sobre si própria. Por isso, tal gesto deve ser realizado com seriedade, atenção e muito respeito.

Durante o período quaresmal, o espaço de celebração deve apresentar-se bastante despojado nos seus sinais externos e nos diversos adornos. Dessa maneira a Igreja expressa o caráter penitencial deste tempo, que busca chamar a atenção para as coisas interiores, procurando concentrar o olhar dos fiéis sobre o mais importante. Desse modo, cada cristão é convidado a despojar-se de tudo aquilo que não é essencial na sua vida para abraçar de todo o coração a Jesus pobre e obediente, bem como o seu projeto de vida consumido a favor dos irmãos.

À singeleza do espaço celebrativo, devem também se adequar o canto e a música litúrgica durante as celebrações de toda a Quaresma. Assim, tanto as melodias como a forma de executá-las precisam corresponder à sóbria espiritualidade do presente tempo litúrgico. No mais, a própria liturgia da missa deve conduzir os participantes a uma grande interioridade, sendo necessário cuidar que, em especial, as pausas e os tempos de silêncio expressem e favoreçam a meditação dos mistérios cultuados.

O período da Quaresma nos oferece ainda uma série de sugestões para serem realizadas após as celebrações e em decorrência destas. Um exemplo importante é a "via-sacra", celebração capaz de tocar o mais íntimo do nosso coração, por nos dar a possibilidade real de nos colocarmos lado a lado com o Mestre no seu caminho doloroso em direção à cruz. Esta celebração, realizada sobretudo nas sextas-feiras da Quaresma, tanto pode se adaptar à situação concreta da comunidade que a celebra como pode se unir a outros tipos de celebração capazes de ajudar a comunidade a fazer uma real experiência de solidariedade no sofrimento de Cristo.

No tempo da Quaresma é muito útil realizar as recomendações e pôr em prática os gestos concretos que, a cada ano, são sugeridos pela Campanha da Fraternidade, sobretudo aqueles gestos e ações de tipo prático e concreto que nos ajudam a sair de nós mesmos e nos aproximam dos nossos irmãos e irmãs. Tais práticas serão tão mais úteis para nós quanto mais nos unirem àqueles que mais necessitam de nosso amor e de nossa solidariedade. Isso dá sentido e robustez à vida cristã e nos une a Cristo, que se fez tudo para todos.

O jejum é prescrito a rigor apenas para a Quarta-Feira de Cinzas e a Sexta-Feira da Paixão, mas é indicado ainda para todas as sextas-feiras da Quaresma, podendo se estender também a todas as quartas-feiras deste período. Isso porque toda quarta-feira e toda sexta-feira durante o ano, exceto quando caem no tempo pascal, são dias de jejum para os cristãos. A prática do jejum nestes dias, além de nos levar a fazer uma experiência de penúria, também recorda tantos e tantos irmãos que, ainda hoje, padecem o terrível flagelo da fome. Por isso mesmo, o jejum não pode se dissociar do gesto de caridade fraterna a ser realizado a favor dos pobres. Aquilo que se deixa de comer, ou até bem mais ainda, deve ser destinado aos pobres. Dessa maneira, o discípulo põe em prática o que celebra no rito litúrgico.

Na Quaresma somos convidados a dedicarmos mais tempo à oração e à leitura-escuta da Palavra de Deus, que muito nos ajudarão a ir descobrindo o projeto do Senhor a nosso favor. A tudo isso, não podemos deixar de unir também as relevantes e necessárias visitas aos idosos, doentes, encarcerados e abandonados de nossa cidade, que tanto necessitam de apoio e solidariedade. Tais visitas, de grande sentido para a vida do discípulo que deseja seguir de perto o seu Mestre, devem ser intensificadas neste tempo, demonstrando nossa solidariedade amorosa para com os que mais sofrem.

Primeiro Domingo da Quaresma

A vitória de Cristo sobre o inimigo

Primeira leitura: Dt 26,4-10 – "O Senhor nos tirou do Egito com mão poderosa e braço estendido."

Salmo responsorial: Sl 90(91),1-2.10-11.12-13.14-15 – "Em minhas dores, ó Senhor, permanecei junto de mim!"

Segunda leitura: Rm 10,8-13 – "Todo aquele que invocar o nome do Senhor será salvo."

Evangelho: Lc 4,1-13 – "No deserto Jesus foi tentado pelo diabo durante quarenta dias."

Introduzindo o tema

Vimos que nos inícios da Igreja o tempo quaresmal iniciava-se no primeiro Domingo da Quaresma. Somente numa evolução posterior é que seu começo vai recuar para a quarta-feira anterior, que se chamou "Quarta-Feira de Cinzas".

Conforme exprime a própria palavra, a Quaresma encerra quarenta dias de jejum, penitência e especial preparação para a gloriosa vitória de Cristo sobre a morte, a qual se constitui também na vitória de cada um dos cristãos. Na determinação deste tempo, grande importância teve a tipologia bíblica dos quarenta: os quarenta anos de peregrinação do povo de Deus no deserto; os quarenta dias de permanência de Moisés sobre o monte Sinai; os quarenta dias em que Golias, o gigante filisteu, desafiou Israel, até que Davi finalmente o abateu; os quarenta dias de peregrinação do profeta Elias, sustentado apenas pelo pão cozido sob as cinzas e pela água, até a chegada ao monte Horeb; os quarenta dias de pregação da penitência aos ninivitas por parte do profeta Jonas; o jejum de quarenta dias do Senhor Jesus no deserto que marcou o início de sua missão.

Contudo, falar da Quaresma é tratar sobretudo dos elementos que contribuíram para o seu desenvolvimento. São eles: a disciplina da penitência pública, a formação dos catecúmenos em vista dos sacramentos de Iniciação Cristã e o jejum dos que se preparavam para as festividades pascais. Sobre cada um desses tópicos, teremos ocasião de tratar separadamente. Adiantamos, porém, que embora nosso atual período quaresmal não inclua mais de forma clara todas essas experiências, elas permanecem à sua base, explicando porque a Quaresma se organizou do modo como a vemos hoje em dia. Por isso, para captar o sentido verdadeiro da Quaresma, devemos obrigatoriamente entender que tais elementos não só fazem parte integrante de sua estrutura, como lhe dão um caráter fortemente penitencial e batismal.

No primeiro Domingo da Quaresma a Igreja nos convida a estarmos atentos ao Cristo que, com disposição, toma a sua cruz e inicia a sua caminhada em direção à Páscoa. Ele, porém, não quer caminhar sozinho, mas deseja contar com seu fiel discipulado, isto é, com cada um de nós que aspiramos a segui-lo bem de perto pelos caminhos do mundo. Hoje ele pede a nossa ajuda, nossa solidariedade e nossa disposição. Trata-se, pois, de um tempo bem propício para irmos estabelecendo dentro de nós as características marcantes que o Senhor almeja desenvolver no coração do discípulo.

Se em todos os períodos do ano litúrgico Jesus jamais deixa de convidar seu discipulado ao seguimento, no período quaresmal seu apelo se faz ainda mais claro e evidente. Abramos, pois, o coração para escutarmos aquele que nos chama a trabalhar na sua messe. Ela continua uma messe imensa, mas os operários ainda são muito escassos.

Comentando a Palavra

Os diferentes trechos bíblicos que integram a liturgia do primeiro Domingo da Quaresma do Ano C convergem substancialmente para a seção evangélica das tentações de Jesus no deserto. Esta passagem da Escritura, na verdade, ilumina não só esse domingo, mas sua força é capaz de atingir todo o tempo quaresmal e repercutir ainda no inteiro período pascal. Não é, pois, por acaso que o texto das tentações sempre reaparece como o Evangelho da liturgia de todos os primeiros Domingos da Quaresma, seja do Ano A, na versão de Mateus, do Ano B, na versão de Marcos ou do C, na de Lucas.

Semelhante a Mateus, Lucas apresenta Jesus nas tentações como um segundo Moisés. Basta ver a menção aos quarenta dias de jejum do Senhor no deserto, que remetem aos quarenta dias e quarenta noites de jejum de Moisés, bem como a alusão ao alto, de onde são apresentados a Jesus todos os reinos do mundo, que corresponde à alta montanha de onde Moisés observou a terra prometida.

O relato das tentações quer indicar, pois, que Jesus, na sua vida pessoal, passou pelas mesmas seduções às quais foram submetidos os hebreus durante a peregrinação pelo deserto, com a diferença de que Cristo manteve intacta a sua obediência a Deus, enquanto o povo respondeu com repetidas infidelidades. Agindo desse modo, o Senhor reabre o desígnio de salvação, que havia sido rompido pela desobediência dos israelitas. Apesar disso, convém ressaltar que a ida de Jesus ao deserto não teve apenas a finalidade de dar uma conclusão positiva à antiga experiência de peregrinação do povo hebreu. Mas ele precisava fazer a sua própria experiência de provação e de vitória sobre as seduções e orientar-se inteiramente ao Pai, antes de iniciar no mundo a proclamação da Boa-Nova do Reino de Deus.

No relato das tentações, Lucas prefere apresentá-las numa ordem diversa da de Mateus, ou seja, a tentação do pão (concupiscência da carne), a seguir, a tentação dos deuses deste mundo (concupiscência dos olhos) e, enfim, a tentação de ser levado pela glória pessoal (soberba da vida). E assim nos remete às seduções do primeiro homem, Adão, e à sua triste infidelidade, felizmente reparada agora pela total obediência ao Senhor.

Todas estas evocações do Antigo Testamento no relato das tentações mostram que Jesus é, nos últimos tempos, o legítimo representante do povo eleito. Ele descarta a via da falsa segurança, que leva a confiar apenas nos meios humanos, para abraçar a estrada que deixa agir tão somente a providência divina, providência esta que conduz o fiel discípulo à construção do Reino de Deus já a partir deste mundo.

A conclusão do texto das tentações sugere que os quarenta dias no deserto são apenas o primeiro embate do Senhor contra o espírito do mal; haverá outros. O encontro final se dará em Jerusalém, no tempo oportuno, isto é, por ocasião de sua paixão.

A primeira leitura deste Domingo, tirada do livro do Deuteronômio, liga-se à legislação israelita sobre as primícias e sobre os dízimos. Trata-se do reconhecimento por parte do homem de que a natureza lhe favoreceu através de uma abundante colheita, mas só porque Deus orientou suas leis em proveito dele. Por isso mesmo, o homem agradecido pela bondade do Senhor, devolve-o, com generosa fidelidade, a sua dádiva. A oferta aqui se dirige não simplesmente ao Deus da natureza, que governa as forças cósmicas, mas em especial ao Deus da história, que se faz próximo ao homem por meio da aliança livremente contraída com ele.

O salmo responsorial deste dia, o sugestivo Salmo 90, qual resposta do fiel agradecido pela bondosa manifestação do Senhor na farta colheita e, sobretudo, fazendo eco à terceira tentação, proclama o imenso carinho de Deus que, com desvelo, protege os seus: "Quem habita ao amparo de Deus, à sombra do Senhor onipotente [...] não padecerá nenhum mal [...] Ao invocar-me hei de ouvi-lo e atendê-lo [...]".

Enquanto isso, o apóstolo Paulo, na segunda leitura tirada da Carta aos Romanos, nos faz perceber que a única causa de nossa salvação é a entrega pascal de Cristo. As obras têm valor apenas como expressão de nossa união com o Senhor; fora disso, são obras mortas. Portanto, "se com tua boca confessares Jesus como o Senhor e, no teu coração, creres que Deus o ressuscitou dos mortos, serás salvo" (Rm 10,9). Paulo distingue aqui "boca" e "coração" para mostrar que a fé é composta de uma palavra que se ouve, a palavra do Evangelho (v. 8), de uma adesão do coração, crer que Deus ressuscitou Jesus dos mortos (v. 9b) e, enfim, de uma confissão pública desta mesma fé, declarar Jesus como o Senhor (v. 9a).

Aprofundando a Palavra

As tentações de Jesus no deserto se equiparam, pois, às tentações sofridas pelo povo eleito na sua trajetória em direção à terra prometida. Mas, em Jesus, o Maligno não encontra nenhuma possibilidade de vitória. O Senhor se compromete com a instalação do Reino de Deus, e este, na sua transparência, não aceita qualquer possibilidade de contemporização, tramoia ou ostentação humana. Por isso mesmo, na hora de iniciar a sua atividade pública, Jesus renova a sua opção fundamental, fazendo-se profundamente fiel ao Pai, na entrega radical e única à realização de sua vontade.

Mas a luta do Senhor contra o império do mal não se restringiu apenas ao momento das tentações no deserto, narradas pelos evangelistas. Toda a vida terrena do Messias foi marcada por uma contínua luta contra as potestades demoníacas. Afinal, desde a origem da humanidade o mal se põe contra as forças do bem, ameaçando-lhe continuamente. Foi Satã, em forma de serpente, que enganou os primeiros pais, destruindo as chances de permanecerem no paraíso. E a Sagrada Escritura, em muitas passagens, faz-nos perceber que bem e mal estão em constante oposição, ora vencendo um, ora prevalecendo o outro. O Senhor Jesus, da parte sua, para garantir a salvação do gênero humano, teve que levar à impotência o império da morte, como percebemos nos diversos atos de sua vida: cura dos possessos do demônio, oposição à dureza de coração manifestada pelo povo e, sobretudo, o embate final na hora de sua paixão.

Todavia, uma questão central aqui se impõe ainda à nossa reflexão: já que as tentações do deserto, bem como todas as outras que buscaram atingir a Cristo, foram por ele definitivamente vencidas, automaticamente elas também deixaram de desafiar a Igreja? A vitória de Cristo não acarreta, ao mesmo tempo, a vitória de sua esposa, a Igreja? Por experiência, vemos que Satã, o grande vencido depois da ressurreição, continua guardando a possibilidade de tentar a Igreja e a tenta de fato. Numa Igreja que é santa e pecadora, o poder de maligno, embora abalado, não se encontra ainda inerte. Ele prossegue convidando a esposa de Cristo a inverter a sua missão e a confiar apenas nos recursos humanos. E tal tentação prossegue fortíssima no meio de nós. Ela, contudo, seguindo o exemplo de seu Senhor e pondo-se à escuta fiel de sua Palavra, pode sempre sair vitoriosa destas seduções. Trata-se de uma vitória que deve ser continuamente conquistada, com confiança e vigor, de forma particular, por parte de cada discípulo fiel e, comunitariamente, por toda a instituição eclesial.

Na celebração do primeiro Domingo da Quaresma, as tentações de Cristo no deserto se fazem emblemáticas, no sentido de nos levar a refletir sobre as seduções a que o discipulado do Senhor é submetido ao longo de sua caminhada terrena. Mas as tentações não são exclusividade dos cristãos, pois atingem a todos. Talvez os cristãos, frente ao exemplo de Jesus Cristo que maravilhosamente as derrotou, tenham maior consciência de seu alcance negativo no mundo e da premente necessidade de vencê-las, o que os leva a esforçar-se mais intensamente em vista da derrota do mal. Afinal, o discípulo "que habita ao amparo de Deus" e que tem o Senhor como "refúgio e proteção", sabe já poder contar continuamente com sua ajuda, embora as potências do mal tentem de diversos modos submetê-lo a seu poder.

Unindo Palavra e liturgia

Na missa, a Palavra proclamada, escutada e celebrada na sua primeira parte ou na liturgia da Palavra de Deus torna-se alimento de vida que é abençoado, servido e consumido na segunda parte, ou seja, na liturgia eucarística. Esta Palavra, porém, espera se tornar prática viva na existência do cristão que labuta no mundo. Por isso mesmo, segundo afirma a introdução ao "Elenco das Leituras da Missa",[1] Deus "vale-se da mesma comunidade dos fiéis que celebram a liturgia para que a sua Palavra se propague e seja glorificada, e seu nome seja exaltado entre os povos" (OLM 7). Mas, "para que a Palavra de Deus realize de fato

---

[1] "Elenco das Leituras da Missa" é o Lecionário contendo as leituras usadas na celebração da Eucaristia. Ele se divide em três partes: Lecionário dominical, Lecionário semanal e Lecionário santoral e para as diversas circunstâncias. A sua introdução é muito profunda, apresentando uma rica reflexão sobre o sentido da Palavra de Deus anunciada e celebrada pela Igreja e sobre a ação do Espírito Santo neste anúncio-celebração. Como o título de tal introdução, em latim, é *Ordo Lectionum Missae*, geralmente é citado pelas iniciais "OLM".

nos corações aquilo que se escuta com os ouvidos, faz-se necessário a ação do Espírito Santo" (OLM 9). É ele, pois, quem faz a ligação entre a Palavra escutada, refletida e celebrada liturgicamente e a prática desta mesma Palavra na vida concreta do discipulado.

A celebração do Evangelho das tentações do Senhor no deserto nos leva, pois, a darmos graças a Deus por sua Palavra proclamada e festejada no seio da comunidade cristã e nos impulsiona, na força do Espírito, a termos condições de praticá-la no dia a dia da existência. Esta, pois, é a dinâmica que Deus espera de cada um dos que participam da Eucaristia.

Enquanto caminhamos neste mundo, somos constantemente atingidos pelas tentações do maligno. Mas Jesus, vencendo-as com vigor, nos dá a possibilidade de lutarmos contra o espírito de malícia que nos busca subjugar e nos concede a graça de corajosamente vencê-lo. Neste tom prático e profundo se manifesta também o complexo eucológico, isto é, o conjunto de orações da missa deste primeiro Domingo da Quaresma. Com efeito, a oração coleta, com sabedoria e beleza, roga a Deus para que cada cristão possa ir progredindo sempre mais no conhecimento de Jesus Cristo ao longo da Quaresma e que, com uma vida santa, também possa corresponder verdadeiramente a seu amor. O progresso na vida espiritual nos levará, sem dúvida, a uma vivência consciente e rica da Páscoa, possibilitando alcançar a santidade a que todo discípulo é convidado. Trata-se de um trabalho dinâmico que empenha, em primeiro lugar, o coração, conforme assegura a oração sobre as oferendas, até chegar a atingir tudo aquilo que o discípulo é e tudo o que ele faz.

Em perspectiva semelhante, e profundamente conectado com o trecho do Evangelho do dia, a oração após a comunhão pede a Deus a graça de desejarmos o pão vivo e verdadeiro, que é Cristo, o qual nutre a fé, incentiva a esperança e fortalece a caridade, bem como de vivermos de toda palavra que sai da boca do Pai. O prefácio, próprio para este Domingo, gira em torno do tema das tentações e faz três importantes considerações: com o jejum no deserto durante quarenta dias, Jesus consagra a observância quaresmal; vencendo as ciladas do inimigo, ensina-nos também a vencer o fermento da maldade que continua presente no mundo; a celebração do mistério pascal, da qual agora participamos, nos orienta e nos dispõe para a celebração definitiva na Páscoa eterna.

Segundo Domingo da Quaresma

Na transfiguração,
o Pai dá a conhecer a glória de seu Filho

Primeira leitura: Gn 15,5-12.17-18 – "Abraão, olha para o céu e conta as estrelas. Assim será a tua descendência."

Salmo responsorial: Sl 26,1.7-8.9abc.13.14 – "O Senhor é minha luz e salvação."

Segunda leitura: Fl 3,17–4,1 – "Há muitos que se comportam como inimigos da cruz de Cristo."

Evangelho: Lc 9,28b-36 – "Este é o meu Filho, o Escolhido. Escutai o que ele diz!"

Introduzindo o tema

Vimos mais atrás que historicamente a Quaresma recebe forças de significativas instituições da Igreja, como a disciplina da penitência eclesiástica pública que antecedia a Páscoa, as exigências imediatas de formação dos catecúmenos que receberiam na noite da Vigília Pascal os três sacramentos da Iniciação Cristã e a prática do jejum dos cristãos que se preparavam para as festas pascais.

Observemos agora a primeira destas instituições, ou seja, a disciplina da penitência eclesiástica pública. A situação dos cristãos que caíam em pecado grave após terem recebido o Batismo, bem como a penitência a que deviam ser submetidos em sinal de satisfação pelo erro causado, sempre foram tratados na Igreja com muita atenção, sobretudo nos primeiros tempos. Os que haviam cometido pecados durante o ano, aproximando-se o primeiro Domingo da Quaresma, se declaravam publicamente culpados, recebiam as cinzas e, em seguida, eram expulsos da Igreja pelo período quaresmal.

Mas é de se destacar que na Igreja nunca houve confissão pública de pecados. Se assim fosse, o mal cometido por um podia se tornar facilmente mau exemplo para outros. O que havia era apenas a declaração pública de que se tinha caído em pecado. Em tal caso, iniciando os exercícios quaresmais desde a Quarta-Feira de Cinzas, a pessoa passava a Quaresma realizando duros exercícios penitenciais em vista da própria purificação. Entre estes exercícios se enumeram os árduos jejuns e as pesadas abstinências. Só após receberem a reconciliação pascal é que os penitentes voltavam de novo a tomar parte ativa na Igreja.

Este aspecto penitencial permanece presente hoje durante a nossa inteira Quaresma. Tratava-se, pois, de uma penitência em vista da reconciliação. E, do mesmo modo que atualmente, tal penitência não tinha sentido em si, mas preparava o discípulo para a alegre reconciliação da Páscoa. É nesse sentido que, na liturgia eucarística da Quaresma, a Igreja silencia o hino do *Glória* e deixa de proclamar o vibrante canto do *Aleluia*, na esperança de que no tempo pascal possam eles ressoar esplendorosos pela certeza da ressurreição do Senhor.

Comentando a Palavra

O segundo Domingo da Quaresma, conhecido como domingo da transfiguração do Senhor, por conta da proclamação do Evangelho que narra tal cena, no ciclo litúrgico do Ano "C" é também palco para Lucas apresentar Jesus ao discipulado como grande modelo de oração. Nesse contexto, o evangelista mostra a glória de Jesus, manifestada sobre a montanha da transfiguração, apenas como sinal e prelúdio da maravilhosa e definitiva glória a ser alcançada pelo Filho de Deus, após ter derrotado a morte e feito triunfar definitivamente a vida. Esta vitória do Senhor se constitui num marco significativo na existência daquele que o Pai ama com imenso amor. O Filho predileto do Pai, porém, será entregue para o bem da humanidade, manifestando ao mesmo tempo o quanto Deus ama seu povo e o que é capaz de fazer para resgatar esse povo do pecado e da morte. A cena da transfiguração se estabelece aqui como um grande momento de revelação, tanto do amor de Deus para com Jesus e com toda a humanidade como da escuta orante e pronta obediência de Jesus em relação a seu Pai.

A oração de Jesus ao Pai surge no relato como um elemento central. Nos momentos decisivos da vida de Jesus, Lucas faz notar que ele está sempre em atitude de oração. Este será também o caso da transfiguração. Jesus aí toma consciência da proximidade de sua morte e da sorte que também espera todo discípulo que desejar segui-lo até o fim. O conteúdo dessa oração de Jesus é, sem dúvida, a entrega radical e consciente de sua própria pessoa aos planos de Deus.

Assim como em Mateus, também em Lucas, Jesus é o novo Moisés. Só que Lucas vai além de Mateus ao mostrar Jesus inaugurando o novo Êxodo (v. 31). E assim como o primeiro Êxodo indicou a intervenção por excelência de Deus na história da salvação, o mesmo temos aqui. Para Lucas, este novo Êxodo de Jesus vai da Jerusalém terrestre, incrédula, em direção à nova Jerusalém, após ter atravessado o mar, semelhantemente ao primeiro Êxodo, que parte do antigo Egito, transpõe o mar e termina na terra da promessa. São grandes etapas deste novo Êxodo de Jesus: a transfiguração, a ressurreição e a ascensão. E, em todas elas, temos sempre a presença do Deus feito homem, Jesus Cristo, manifestando o seu inesgotável serviço aos homens.

Antes, no momento do Batismo de Jesus, o Pai, na voz que vem da nuvem, dirige sua revelação a Jesus: "Tu és meu filho amado; em ti está meu pleno agrado" (Lc 3,22). Agora, por ocasião da transfiguração, a revelação é feita não mais a ele, mas a seus discípulos: "Este é o meu filho, o Escolhido. Escutai-o!" (Lc 9,35), como a indicar quem deve agora continuar a missão de Jesus e estar preparado para enfrentar o escândalo da cruz. Com vistas a sustentar tais discípulos nos momentos difíceis que viriam, o Evangelho de hoje apresenta, através de uma pequena brecha, um pedacinho do céu. Tal os ajudará, nas noites de dificuldades e sofrimento, a enxergar o sentido final de sua manifestação. Os discípulos exultam diante desta revelação, e por isso afirmam: "Façamos aqui três tendas". Eles, porém, não sabiam o que diziam (cf. Lc 9,6), as tendas não podem ser construídas antes da hora, pois Jesus devia ainda enfrentar o seu destino. Não há glória sem cruz!

Na primeira leitura, Deus faz aliança com Abraão; este acredita, o que lhe foi imputado como justiça (cf. Gn 15,6). O contexto aqui é de um contrato estabelecido entre um rei e um mercenário. Deus lhe promete descendência e terra e o mercenário jura fidelidade ao Senhor. Mas faltavam as condições mínimas para que dele surgisse uma numerosa descendência. Abraão, porém, neste pacto, tem bem pouco a oferecer, mesmo assim pede um sinal que garanta o seu sucesso. O sinal obedecerá às formas estabelecidas para os pactos naquela época: uma novilha, uma cabra e um carneiro desmembrados em três partes. A luta contra os conquistadores, que são simbolizados nas aves de rapina que vem devorar os cadáveres, demonstra ser feroz, pois os israelitas devem combater para obter e conservar a terra. A seguir Javé passa sobre os animais divididos no símbolo da tocha, demonstrando fidelidade (v. 17); mas ele é o único a passar, pois basta sua lealdade para garantir a continuidade do contrato. Abraão é dispensado de tal engajamento.

A seguir, Abraão adormece profundamente (v. 12), semelhante ao sono de Adão, antes de obter Eva e, com ela, sua descendência (Gn 2,21), e o sono de Noé, antes de se tornar pai de uma multidão (Gn 9,20-29). A conclusão do relato é a confirmação da aliança: "Naquele dia o Senhor fez aliança com Abrão, dizendo: 'Aos teus descendentes darei esta terra, desde o rio do Egito até o grande rio, o Eufrates'" (Gn 15,18).

O salmo responsorial da missa, Salmo 26, confessa a confiança do salmista na iluminação e proteção que Deus lhe dá. Diante disso, ele não teme nem treme. A esperança no Senhor é, para o homem fiel que confia, causa de coragem e de grande força. Desse modo, a fidelidade anunciada na primeira leitura do livro do Gênesis, é aqui plenamente confirmada. Na leitura, trecho da carta de São Paulo aos Filipenses, o apóstolo não só exorta à imitação de Cristo, mas se apresenta também como exemplo e modelo de fidelidade. E, concluindo esse trecho da carta, convida os irmãos a continuarem firmes no Senhor, ele que transformará nosso corpo humilhado em corpo glorioso.

Aprofundando a Palavra

A transfiguração é uma exortação feita com insistência ao discipulado cristão, e especialmente a Pedro, no sentido de que escute Jesus quando ele falar de seu sofrimento e de sua morte, sem com isso deixar de reconhecê-lo como o verdadeiro Messias. Muitos, com efeito, desejariam um Jesus diferente, risonho e festivo, e não um Jesus esmagado e aniquilado. E, como Pedro, não compreendem como o Mestre pode unir a dor a seu destino e o sofrimento à sua pessoa. Eles são capazes de reagir com rigor, assim como o fez o primeiro dos apóstolos, e buscam conduzir Jesus por seus próprios caminhos.

Mas os destinos do Senhor não correspondem a esses desejos e a esses propósitos tão intrinsecamente humanos. E Jesus, na sua profunda coerência, não pode aceitar tais sugestões. Por esta mesma estrada se põem, muitas vezes, certos cristãos atuais, que não conseguem compreender porque Jesus tão obstinadamente prossegue por esta tortuosa estrada, quando poderia seguir por outros atalhos, mais fáceis e muito mais atraentes.

A transfiguração é, em primeiro lugar, um convite feito a todos os cristãos no sentido de se lançarem à verdadeira vivência da fé através de uma vida missionária cheia de comprometimentos. Não basta repousar com Jesus: é preciso levá-lo às várias partes do mundo em que ele necessita estar para continuar a dinâmica evangelizadora de sua existência. A Igreja é agora a primeira convidada a dar a sua colaboração na construção de um mundo diferente, bem comprometida com a mensagem do

Senhor e com as permanentes mudanças que a realidade jamais deixa de exigir.

Em consequência, a Igreja não pode fugir de se encarnar nas várias culturas, muito embora se despoje completamente de todo poder e honra, para buscar unicamente transformar este mundo num mundo mais fraterno e muito mais humano.

Unindo Palavra e liturgia

O tema predominante neste Domingo é, sem dúvida, o da transfiguração do Senhor, com o elemento tão significativo da oração de Jesus, da manifestação momentânea de seu esplendor e de sua glória e do convite a seguir Jesus no sofrimento e na dor, para com ele tomar parte também na vitória de sua ressurreição. A este elemento se une de modo bem próximo o tópico da lealdade de Abraão, nosso pai na fé, e o da aliança que Javé firma com ele.

A celebração do Evangelho da transfiguração do Senhor nos leva, pois, a darmos graças a Deus por sua Palavra proclamada e festejada no seio da comunidade cristã e nos impulsiona, na força do Espírito, a termos condições de praticá-la no dia a dia de nossa vida. Esta é, pois, a dinâmica que Deus espera de cada um dos que participam da Eucaristia. Em primeiro lugar, o Evangelho nos remete ao tema da oração. Jesus se põe constantemente em oração diante do Pai. A oração também deve ser uma constante na vida do discípulo que escolhe seguir o Senhor.

Mas a oração não nos deve acomodar, pois assim nos conduziria à esterilidade espiritual. A verdadeira oração, pelo contrário, conduz à prática do amor no meio do mundo. Conforme nos sugere o Evangelho de hoje, não podemos fazer da oração tendas de proteção e afastamento do mundo, mas alimento que nos remeta à transformação da realidade.

Por isso mesmo, a voz que sai da nuvem, apontando Jesus, nos recomenda escutar o que ele nos diz, praticar o que ele nos recomenda e viver conforme a sua Palavra. Para tal, é preciso ser pessoas de fé, como Abraão, que acreditou sem medidas na promessa do Senhor e a viveu em cada momento da existência.

Na oração coleta do dia, pedimos a graça de ouvir o Filho amado do Pai. Que ele alimente o nosso espírito com sua Palavra e purifique nosso olhar da fé para alcançarmos a visão de sua glória. Já a purificação dos pecados e a santificação da vida em vista da celebração da Páscoa, forma o tema da oração sobre as oferendas. Na oração após a comunhão, confessamos ter comungado o mistério da glória de Deus e nos empenhamos em render graças, pois ele nos concede, ainda na terra, participar da plenitude do céu. O prefácio próprio da missa, de uma beleza toda particular, faz um paralelo entre a previsão da morte feita pelo Senhor e o esplendor de sua transfiguração. O testemunho da Lei e dos profetas, simbolizados em Moisés e Elias, concorrem a mostrar que é pela paixão e cruz que se chegará, um dia, à glória da ressurreição.

Terceiro Domingo da Quaresma

Deus é paciente para com seus filhos

Primeira leitura: Ex 3,1-8a.13-15 – "Eu sou o Deus de teus pais, o Deus de Abraão, o Deus de Isaac e o Deus de Jacó."

Salmo responsorial: Sl 102(103),1-2.3-4.6-7.8.11 – "O Senhor é bondoso e compassivo."

Segunda leitura: 1Cor 10,1-6.10-12 – "Quem julga estar de pé tome cuidado para não cair."

Evangelho: Lc 13,1-9 – "Se vós não vos converterdes, ireis morrer todos."

Introduzindo o tema

Na Igreja antiga, "catecúmenos" eram aqueles que se preparavam em vista de se tornarem cristãos. A partir do momento em que eram aceitos pela Igreja e durante cerca de três anos, aprofundavam o conhecimento da doutrina e eram formados no anúncio da Palavra de Deus e na oração. Terminado este período, e caso continuassem aceitos pela Igreja, no início da Quaresma iniciavam uma catequese mais intensa, que durava todos os quarenta dias deste período. Na noite da Vigília Pascal, recebiam os três sacramentos da Iniciação Cristã: Batismo, Confirmação e Eucaristia. E, ao longo da primeira semana de Páscoa, recebiam uma formação complementar do bispo, chamada "catequese mistagógica".

No primeiro domingo da Quaresma, os que eram aceitos para a recepção dos sacramentos da Igreja tinham seus nomes anotados e, a partir daí, passavam a ser chamados de "eleitos" ou "competentes". O primeiro Domingo ficou assim conhecido como o da "inscrição do nome", em vista da Iniciação Cristã. Durante o período quaresmal, os eleitos deviam receber constantemente o ensinamento catequético. O bispo em pessoa impunha diariamente sobre eles as mãos, com orações, e realizava exorcismos. Já o segundo, o terceiro e o quarto Domingos da Quaresma eram tempos de "escrutínios", entendendo-se esta palavra não no sentido de recolhimento de votos numa urna ou apuração dos mesmos, mas como cuidadoso e detalhado exame dos que pediam para ser batizados.

Como observamos, a recepção da Iniciação Cristã vai marcar decisivamente o tempo quaresmal, dando-lhe uma fisionomia toda particular. E, assim como a penitência pública dos que haviam cometido pecados e deviam se reconciliar na Páscoa, moldou de maneira definitiva a Quaresma, o mesmo podemos dizer dos que nesta ocasião se preparavam para a recepção dos sacramentos de Iniciação.

Atualmente, a Quaresma continua sendo tempo de conversão dos pecados, de imediata preparação para a recepção dos sacramentos de Iniciação e, ainda, de sincera renovação desses mesmos sacramentos, caso já os tenha anteriormente recebido.

Comentando a Palavra

A notícia sobre dois diferentes tipos de acidentes acontecidos na época de Jesus, ou seja, algumas mortes de galileus por ocasião de uma revolta contra os romanos e a queda de uma torre com o consequente sepultamento de determinado número de pessoas, leva o Senhor Jesus, no trecho do Evangelho deste Domingo, a tecer uma séria consideração sobre a vinda repentina do juízo de Deus. A seguir, por meio de uma parábola, apresenta a imensa paciência do Senhor para com todos aqueles que se atrasam em produzir bons frutos.

Existem os sinais para aqueles que sabem lê-los no concreto da realidade e sabem compreendê-los, enquadrando-os no conjunto da própria vida. A morte se constitui no mais claro de todos esses sinais, podendo conduzir à mudança radical de vida. É verdade que não é fácil mudar os alicerces de própria existência, mas Deus, na sua enorme paciência, põe à nossa disposição os prazos necessários para que tal mudança se concretize e, sobretudo, se solidifique, tornando-se verdadeira transformação para melhor.

Os casos apontados hoje por Jesus no Evangelho correspondem a mortes prematuras e súbitas, tanto aquela resultante de uma repressão como a provocado por um acidente. Aqui a morte apanhou-os de surpresa, vitimando quem menos a aguardava. Mas, para todas as pessoas, a morte contém em si um chamamento à vida, à vida definitiva, eterna e verdadeira, que só se pode concretizar após o homem ter experimentado o desenlace desse mundo.

A primeira leitura nos apresenta a grandiosa manifestação de Deus na sarça ardente do Horeb. Na ocasião é proposta a vocação de Moisés como enviado a libertar, em nome "daquele que é", pois Deus "viu a miséria de seu povo e ouviu seu clamor". Na revelação a Moisés, Deus continua a revelação que iniciou com Abraão, Isaac e Jacó, a qual conduz à Aliança Nova firmada, na plenitude dos tempos, na pessoa de Jesus Cristo. Importa perceber que, no episódio da sarça do Horeb e na continuação da vida do povo, Javé é compreendido como o Deus que entra na história, um Deus concreto que se faz próximo, vizinho e atento às necessidades daqueles com os quais firmou aliança. Com Javé se pode sempre contar; sua presença muda continuamente a história, pois ele é o Deus da justiça.

O salmo responsorial (Sl 102) apresenta o Senhor como bondoso e compassivo: "perdoa de toda culpa", "cura toda enfermidade", porque "é paciente, bondoso e compassivo". Na segunda leitura, trecho da Primeira Carta aos Coríntios 10, Paulo apresenta os grandes acontecimentos do Êxodo. Mas profere um sério alerta aos coríntios, recordando que não obstante o povo estivesse bem próximo ao Senhor durante a travessia, nem sempre colaborou para a própria salvação. Por isso, a maior parte pereceu no deserto. Isso serve de alerta para nós, a fim de que abracemos apenas o bem: "quem julgar estar de pé tome cuidado para não cair" (1Cor 10,12).

Aprofundando a Palavra

No Evangelho da missa, contrário à opinião corrente, Jesus ensina que uma desgraça não é necessariamente sinal de castigo divino, mas forte convite dirigido ao discípulo no sentido de uma verdadeira mudança de vida. Mudar de vida para melhor, converter-se profundamente, não é apenas um episódio aleatório que pode se verificar ocasionalmente na vida do cristão, mas condição natural da existência daquele que elegeu Cristo como condutor e guia. Desse modo, a vida daquele que se radica em Cristo não pode ser imóvel, inerte ou instalada, mas precisa ser vida que a cada momento se reinventa, em constante movimento, em constante conversão. Ser cristão é reinventar-se a cada dia, é desinstalar-se constantemente, é tornar-se sempre novo em Cristo Jesus. Do contrário, de nada adiantaria apenas participar do grupo dos eleitos e dos escolhidos, se o coração não se converte, se a vida não muda para melhor.

Alguns dos elementos que mais nos questionam, podendo conduzir-nos a um sincero estado de conversão interior, por vezes estão associados a fatos relacionados com o sofrimento e a morte. Ora, como nos custa muito o sofrimento e nunca nos acostumamos com a morte, apesar de mais cedo ou mais tarde eles inexoravelmente terminarem batendo à nossa porta, a dor resultante do sofrimento e o choque provocado pela morte de pessoas próximas e amigas podem bem facilitar nosso encontro com nós mesmos e, em diversas ocasiões, nos levam a uma significativa mudança.

Na caducidade de nossa vida neste mundo, a morte se constitui numa fiel amiga que jamais nos abandona. Sua preciosidade se encontra em nos dirigir a Deus e a seu eterno desígnio de verdade, de autenticidade e de paz. Felizes, pois, os que bem se preparam para a morte deste mundo, pois a vida sem limites lhes será dada como prêmio eterno nos céus.

Nada nos deveria levar a identificar logo a catástrofe como castigo. Pelo contrário, isso pode bem ser ocasião e motivo de uma frutuosa reflexão interior. É verdade que podemos sempre contar com a misericórdia e a paciência do Senhor, como salienta Lucas no Evangelho hoje. A figueira infrutífera pode permanecer por mais um ano, pois há sempre a possibilidade que se converta. Todavia, mais cedo ou mais tarde, chegará a hora em que será definitivamente cortada.

Unindo Palavra e liturgia

Todo aquele que participa da Eucaristia é convidado a questionar-se profundamente a ponto de perceber se tal participação o está levando realmente a uma fecunda conversão do coração, como é o desejo de Jesus em relação a seu discipulado. Trata-se, pois, de determinar se há perfeita correspondência entre missa e vida. Unir celebração e vida deve ser a grande atenção da Igreja na incessante procura de perfeita equivalência aos ensinamentos do seu Senhor.

São intensos os laços que unem a Eucaristia e a existência concreta dos fiéis, a ponto de a *Instrução Geral do Missal Romano*, n. 16, citando a constituição conciliar sobre a liturgia, *Sacrosanctum Concilium*, n. 10, dizer que as outras ações sagradas e demais atividades da vida cristã estão ligadas à missa, dela decorrem ou a ela se ordenam. A missa, pois, é o centro de toda a vida e atividade cristã; o culto eucarístico é a alma da Igreja. As oblações de pão e de vinho são como o espelho da vida da comunidade, fazendo-nos recordar as importantes palavras do Senhor: "Se estiveres para trazer a tua oferta ao altar e ali te lembrares de que o teu irmão tem alguma coisa contra ti, deixa a tua oferta ali diante do altar e vai primeiro reconciliar-te com o teu irmão; e depois virás apresentar a tua oferta" (Mt 5,23-24).

A este propósito vão se expressar diversas passagens do famoso documento de introdução ao *Elenco das Leituras da Missa* (OLM):

"[...] quanto mais os fiéis participam da ação litúrgica, quanto mais se esforçam, ao escutar a Palavra de Deus nela proclamada, mais aderem intimamente à Palavra de Deus em pessoa, Cristo encarnado. Assim, procurem realizar nas suas vidas o que celebram na liturgia e, inversamente, façam refletir na celebração litúrgica a sua existência diária" (n. 6).

"Por sua vez, todos os fiéis que pelo Batismo e a Confirmação converteram-se, no Espírito, em mensageiros da Palavra de Deus, tendo recebido a graça de escutar esta Palavra, devem fazer-se também anunciadores dele na Igreja e no mundo, ao menos com o testemunho de suas vidas" (n. 7).

"Com a sua palavra, transmitida por escrito, "Deus continua falando a seu povo" (SC, n. 33) e mediante o uso constante da Sagrada Escritura, o povo de Deus, à luz da fé, tornado dócil ao Espírito Santo, poderá dar, com a sua vida, testemunho de Cristo diante do mundo" (n. 12).

"A homilia [...] deve levar a comunidade dos fiéis a participar ativamente da Eucaristia, a fim de que 'exprimam na vida o que receberam por meio da fé' (SC, n. 10)" (n. 24). Aquele que preside, por meio da homilia, "[...] prepara os fiéis para uma comunhão fecunda e lhes exorta a assumir as exigências da vida cristã" (n. 41); "Após ter assim escutado e meditado a Palavra de Deus, os fiéis estarão prontos a dar-lhe uma resposta festiva, cheia de fé, de esperança e de caridade, com a oração e a entrega de si mesmos, não apenas durante a celebração, mas em toda a sua vida" (n. 48).

As orações da missa de hoje se esforçam também por relacionar o tempo litúrgico no qual nos encontramos e a vida diária do discípulo que celebra. A oração coleta acolhe o jejum, a esmola e a oração como remédios indicados pelo Senhor contra o pecado e pede o conforto da misericórdia de Deus. Na oração sobre as oferendas, pedimos o perdão de nossos pecados e a graça de perdoar nossos semelhantes. Na prece depois da comunhão, pedimos a graça de manifestar na vida concreta o que o sacramento já realizou em nós.

Ligar a missa à vida e levar a missa para o dia a dia da existência é o grande empenho do cristão e a excelente proposta da liturgia do tempo quaresmal. Os frutos da missa são colhidos na existência de cada dia quando nos dispomos a realizar aquilo que o Espírito Santo suscitou no íntimo do coração.

Quarto Domingo da Quaresma

O Pai espera, com imenso amor, a volta do filho que se havia perdido

Primeira leitura: Js 5,9a.10-12 – "Hoje tirei de cima de vós o opróbrio do Egito."

Salmo responsorial: Sl 33(34),2-3.4-5.6-7 – "Provai e vede quão suave é o Senhor!"

Segunda leitura: 2Cor 5,17-21 – "Se alguém está em Cristo, é uma criatura nova."

Evangelho: Lc 15,1-3.11-32 – "Seu pai o avistou e sentiu compaixão. Correu-lhe ao encontro, abraçou-o, e cobriu-o de beijos."

Introduzindo o tema

O jejum dos cristãos que se dispunham para as festas pascais, a penitência pública e a preparação imediata para os sacramentos de Iniciação Cristã na noite pascal formam o alicerce básico sobre o qual repousará toda a Quaresma. Sobre a penitência pública e a preparação para a Iniciação Cristã já tivemos oportunidade de considerar anteriormente. Falta-nos apreciar brevemente aqui o jejum quaresmal.

O jejum, como tantas outras práticas cristãs, deita suas raízes no mundo religioso judaico. Aí o jejum não consiste numa proeza ascética ou exaltação mística, mas é expressão da dependência do homem que se abandona nas mãos de Javé para melhor acolher a sua vontade. Nesta perspectiva é que Moisés e Elias passam quarenta dias no deserto.

Qualquer possibilidade de formalismo ou fingimento no jejum é denunciado pelos profetas, pois ele deve ser realizado apenas por amor a Deus e aos irmãos.

Antes de iniciar a sua vida pública, assim como havia feito Moisés e Elias, Jesus jejua quarenta dias no deserto. E aprofunda ainda mais a linha profética, denunciando o jejum vivido como orgulho e ostentação. Mas, como diante de outras práticas judaicas, também aqui ele se coloca de forma soberanamente livre, pois o jejum se relaciona com o tempo da expectativa para a vinda do Messias e de instauração do Reino de Deus (cf. Mc 2,19-20).

Na Igreja antiga, o jejum era bastante praticado, em especial nos quarenta dias de preparação para as festividades pascais. Tinha por finalidade dispor o discípulo para a escuta atenciosa da vontade de Deus e era compreendido sobretudo numa perspectiva social: o que se deixa de comer no tempo do jejum deve ser entregue a uma viúva, órfão ou pobre.[1]

É nesse sentido que deve ser entendido nos primeiros séculos cristãos o jejum que prepara para a festa pascal. Ele não tem sentido em si mesmo, mas é orientado para o exercício da oração, da caridade e da esmola destinada aos pobres. Une-nos mais perfeitamente a Deus, mas só na medida em que nos aproxima mais intimamente do irmão.

De maneira semelhante deve ser também compreendido ainda hoje o jejum dos cristãos, embora tal prática tenha sido recentemente muito suavizada. O que importa não é tanto a privação do alimento e da bebida, mas viver com seriedade a fé, a esperança e a caridade, no serviço a Deus e aos irmãos. Eis, pois, o espírito vivo e bem atual que justifica

---

[1] Cf. HERMAS. In: **Padres Apostólicos.** Trad. Ivo Storniolo. São Paulo: Paulus, 1995, V,1,3, p. 161-171.

o jejum cristão durante a Quaresma: deixar de usar tantos e tantos bens para destiná-lo aos irmãos pobres e desamparados. No fundo, esta é exatamente a grande motivação para a realização a cada ano entre nós da Campanha da Fraternidade.

Comentando a Palavra

A mensagem proveniente do texto evangélico deste Domingo é destinada a tocar no mais profundo do nosso ser. Trata-se da famosa parábola do "filho pródigo", que melhor ainda poderia ser chamada de parábola do "pai misericordioso". Na verdade, na sua narração, mais do que perante um filho pródigo, somos colocados diante de um pai de terna piedade, pleno de bondade e de amor. Neste texto da Escritura, de fato, a ação fundamental recai, não sobre o filho, que apenas dispersa os bens e volta movido fundamentalmente pelo interesse de sobrevivência, mas sobre o pai que o espera impacientemente, na expectativa de recebê-lo da melhor forma possível e de continuar oferecendo todo o seu amor. Um pai assim tão "escandalosamente bom", só Deus consegue ser.

O capítulo 15 do Evangelho de Lucas compreende, pois, a parábola da ovelha e da moeda perdida e a do pai misericordioso. O objetivo principal das três parábolas é pôr em relevo o Deus das misericórdias diante do pecador que cai em si e se arrepende de seu pecado. E aqui não podemos deixar de comparar tais parábolas com o capítulo 31 do livro do profeta Jeremias que, em todo o Antigo Testamento, faz a melhor e mais perfeita descrição da nova aliança de Deus com o seu povo (cf. Jr 31,31-34). Também Jeremias exalta a imensa misericórdia de um Deus capaz de perdoar o povo de forma extrema.

O filho mais novo é motivado ao arrependimento por razões não totalmente puras, pois se recorda da casa do pai apenas pressionado pelo desespero da fome. Afinal, tal ambiente é bem melhor do que a sarjeta na qual vivia. Mas, até esta razão não tão pura, é capaz de pôr em maior destaque ainda a grandeza e intensidade do perdão paterno. Podemos dizer que, na sua prece ao pai, o filho mais novo é muito semelhante ao publicano no Templo, enquanto o filho mais velho, fechando-se totalmente diante do irmão pecador, toma a mesma atitude arrogante e orgulhosa do fariseu no Templo, o que pode ser observado facilmente comparando as expressões de desprezo que aparecem nos dois textos: "esse teu filho" e "esse publicano" (cf. Lc 18,10-13).

O filho mais velho, mantendo-se firme no seu orgulho e fechando-se ao amor do irmão, exclui a si mesmo. Já o amor gratuito do pai que se abre a todos, dá vida a uma nova aliança que leva à conversão e se ratifica na refeição eucarística.

A primeira leitura do livro de Josué, narrando a entrada na terra prometida, faz concluir o Êxodo e iniciar a posse da terra, conforme fora prometida a Abraão e a seus descendentes. E assim como o Êxodo iniciara com uma páscoa, também o seu final é marcado com outra páscoa, a páscoa de Josué. Também agora cessa de cair o maná do deserto, substituído pelos frutos do trabalho do homem na terra abençoada por Deus.

A Eucaristia neste Domingo nos oferece ainda toda a suavidade do Salmo 33, na qualidade de salmo responsorial. Desde o seu refrão somos convidados a "ver" e a "provar" quão suave é o Senhor. Ao infeliz que grita, ele escuta e o liberta de todas as angústias. Na segunda leitura, Paulo descreve a novidade da vida do cristão, convidado a se deixar reconciliar com Deus, enquanto o apóstolo descreve o seu próprio ministério de embaixador de Cristo.

Aprofundando a Palavra

É extremamente atual a parábola que a liturgia de hoje põe à disposição de nossa reflexão. Trata-se de um texto de imenso vigor espiritual, além de possuir enorme força moral. Interessa-nos aqui sobretudo a prova de misericórdia dada pelo pai ao filho que se havia perdido, prova verdadeiramente digna de menção.

No versículo 20a dessa passagem, com efeito, encontramos uma palavra capaz de iluminar todo este relato: "Quando ainda estava longe, seu pai o avistou e sentiu *compaixão*". "Sentir compaixão" significa revirar-se no seu interior, cheio de carinho e de bondade para com o outro. Na Bíblia, trata-se de uma qualidade que cabe somente a Deus, porque só ele é capaz de ter verdadeira comiseração e total clemência em relação à criatura humana. Por causa disso, o amor demonstrado pelo pai nesta parábola é, humanamente falando, um amor exagerado, alcançando para nós as raias do escândalo. Afinal, para os homens e mulheres do mundo, tudo tem limites, até o perdão, muito embora Jesus nos ordene que nosso perdão deva ser sem limites em relação a todos os irmãos. Apesar de tal mandamento, não raras vezes sentimos que perdoar ao outro sem nenhuma medida seja algo demais para nós. Para nós humanos, talvez sim; mas não para Deus.

Infelizmente, falta-nos a paciência de Deus e temos dificuldades para compreender o amor do Senhor para com a humanidade. Outras vezes nos comportamos como o filho mais velho, pois fazemos tudo certinho, embora pareça que não ganhamos nada com isso. No entanto, o outro filho, que partiu e deu fim a tudo o que possuía, se vê acolhido e amado. Para ele o pai chegou ao cúmulo de organizar até um banquete de festa.

Se quisermos viver como verdadeiros cristãos, temos que entrar hoje no espírito do Evangelho do pai misericordioso e nos deixarmos moldar pela lógica evangélica de nosso Deus. Sem dúvida, estamos diante de uma mentalidade completamente diferente daquela com a qual muitos de nós nos acostumamos a lidar. Isso vale especialmente para aqueles que enchem as nossas igrejas e tendem a se comportar à moda do filho mais velho da parábola. Esses, obrigatoriamente devem renunciar a qualquer autossuficiência, compreendendo que Deus ama a todos e, como na parábola da ovelha perdida, seguidamente deixa as noventa e nove em segurança e sai à procura da última que se perdeu. E só se aquieta quando a reencontra e a reconduz à segurança do aprisco. Apenas aqueles que são capazes de se converter ante a mensagem que o Evangelho hoje nos anuncia, e passam a abraçar a lógica misericordiosa de nosso Deus, podem verdadeiramente celebrar com ele e com os irmãos a explosiva alegria deste Domingo *Laetare*.

Unindo Palavra e liturgia

Neste quarto domingo da Quaresma, com a Igreja celebramos, portanto, o Domingo da alegria. Tal Domingo, chamado *Laetare*, isto é, "alegre", é dia das rosas em Roma e dia de alegria no meio da penitência quaresmal. Trata-se de uma maneira da liturgia nos indicar que a finalidade da penitência cristã não é o sofrimento, a amargura ou o penar, mas o seu verdadeiro fim é a exultação e o regozijo. Quando fazemos penitência, temos em vista a vitória que já nos foi alcançada pelo Senhor Jesus Cristo, pois sua libertação já nos foi assegurada por ocasião de sua feliz ressurreição.

Nesse sentido, o discípulo que vive concretamente na história, sente-se peregrino no mundo, mas tem a certeza de conhecer antecipadamente o final desta história, pois a mesma já lhe foi revelada por Jesus Cristo. Vivemos nesta terra, mas nossos olhos se dirigem para os céus, onde nos espera o maravilhoso amor de nosso Deus. Por isso mesmo, o cristão jamais teme, pois a alegria faz parte integrante de sua existência. Mesmo num momento penitencial como a Quaresma, o discipulado do Senhor já respira o frescor da Páscoa que se avizinha, na esperança de um dia vivê-la definitivamente ao lado de Deus, no céu.

Eis, pois, a razão da celebração da alegria neste dia localizado no coração da Quaresma. Neste dia, a cor roxa dos paramentos litúrgicos dá lugar à cor rosa da esperança e do contentamento, manifestando também exteriormente o que se passa no íntimo de cada um de nós.

Tal exultação a vemos já expressa na primeira leitura desta missa, do livro de Josué, pela entrada do povo na terra prometida: "Hoje tirei de cima de vós o opróbrio do Egito"; também está expressa na segunda leitura, assegurada pela palavra do apóstolo: "Se alguém está em Cristo, é uma criatura nova. O mundo velho desapareceu. Tudo agora é novo". Mas o motivo de maior exultação se encontra na parábola do pai misericordioso: alegremo-nos e festejemos, "porque este meu filho estava morto e tornou a viver; estava perdido e foi encontrado".

As orações da missa, por sua vez, seguem este mesmo tom de regozijo, como se percebe já na antífona de introdução: "Alegra-te, Jerusalém! Reuni-vos, vós todos que a amais; vós que estais tristes, exultai de alegria! Saciai-vos com a abundância de suas consolações". A oração coleta chega a usar a expressão "correr" em direção à alegria, no sentido de bem qualificar a presente celebração: corra o povo cristão para as festas que se aproximam, "cheio de fervor e exultante de fé". O contentamento volta também a estar bem presente na oração sobre as oferendas, quando diz que os dons do povo neste dia são apresentados ao Senhor com júbilo. Já a oração após a comunhão pede que a graça de Deus ilumine nossos corações para fazermos apenas o que agrada ao Senhor.

O perdão de Deus só pode causar imensa alegria ao pecador que se arrepende e volta de coração a seu Senhor. Celebrando na missa de hoje a maravilhosa parábola do pai misericordioso, não podemos deixar de nos alegrarmos imensamente por nos sentirmos filhos que, embora ainda padecem sob o peso do pecado, são já acolhidos e extremamente amados pelo Deus das imensas misericórdias.

Quinto Domingo da Quaresma

Deus, única esperança de salvação do pecador!

Primeira leitura: Is 43,16-21 – "Não relembreis coisas passadas, não olheis para fatos antigos. Eis que eu farei coisas novas."

Salmo responsorial: Sl 125(126),1-2ab.2cd-3.4-5.6 – "Maravilhas fez conosco o Senhor, exultemos de alegria!"

Segunda leitura: Fl 3,8-14 – "Considero tudo como perda diante da vantagem suprema que consiste em conhecer a Cristo Jesus, meu Senhor."

Evangelho: Jo 8,1-11 – "Quem dentre vós não tiver pecado, seja o primeiro a atirar-lhe uma pedra."

Introduzindo o tema

A Quaresma é tempo rico e precioso, porque conduz o discipulado cristão através de um verdadeiro caminho de volta ao amor primeiro, amadurecendo nele uma eficaz conversão. Praticamente tudo na Quaresma concorre para esta finalidade: o espírito de oração que toma conta de todo este período do ano litúrgico, a mais frequente leitura e escuta da Palavra do Senhor, para a qual somos aí mobilizados, a participação na celebração litúrgica, que procura suscitar e sedimentar a "sede" do Deus vivo, a prática de alguns exercícios quaresmais, como a esmola e o jejum, que quebram o nosso egoísmo e nos põem na rota dos mais pobres e sofredores, enfim, o conjunto da espiritualidade quaresmal que, com tom sentido e austero, nos leva às realidades últimas e definitivas.

Quem deseja organizar bem a existência na direção de Deus e dos irmãos encontra no tempo da Quaresma ótimas possibilidades, desde que não ponha entraves no seu coração e aproveite as boas sugestões que a Igreja oferece. No Brasil, por exemplo, podemos contar todos os anos com excelentes sugestões oferecidas tanto pela liturgia deste período como por importantes temas postos à nossa disposição pela Campanha da Fraternidade. Particularmente profundos são os elementos provenientes dos textos da Sagrada Escritura da missa de cada um dos domingos quaresmais, os quais vão iluminando, semana após semana, até o ponto de criar no coração do discipulado uma densa e significativa espiritualidade cristã.

Aqueles que, com constância e atenção, participam das diversas liturgias que a Igreja oferece neste abençoado tempo, podem se sentir afortunados, porque aproveitam daquilo que de melhor a vida eclesial pode oferecer a seus filhos e filhas. Abramos, pois, os ouvidos do nosso coração às palavras do bom Mestre de nossa vida, o qual, na Quaresma, nos santifica e enriquece com as maravilhas de seu amor. Que suas palavras encontrem terreno fértil e propício para o crescimento da semente que ele, com desvelo e cuidado, não cessa de semear no coração de cada um de nós.

Comentando a Palavra

A narrativa da mulher adúltera, cujo trecho é proclamado na liturgia deste Domingo, embora faça parte do Evangelho segundo João, não corresponde em nada ao modo de escrever deste evangelista. O estilo usado é bem mais próximo de Lucas e do capítulo 21 de seu Evangelho, que aparece cheio de alusões ao profeta Daniel.

Certamente o autor tinha diante dos olhos a famosa narrativa de Susana (cf. Dn 13,1-64), porque surge com clareza aí a mesma acusação de adultério movida contra ela, a mesma alusão aos velhos, igual desejo de pôr a vítima bem à vista de todos e igual solicitação à lei de Moisés para lapidá-la. Cristo toma, no atual relato, o lugar ocupado pelo jovem Daniel no Antigo Testamento e justifica, não uma inocente como foi o caso de Susana, mas uma evidente culpada. Desse modo, o texto evangélico pode apresentar com toda intensidade o perdão e a graça como elementos próprios e inerentes ao julgamento de Deus.

Chama a atenção nas duas narrativas o lugar ocupado pelos velhos. No relato de Susana eles são os falsos acusadores que procuram esconder o seu próprio pecado denunciando falsamente uma inocente. E, quando descobertos no seu ardil, são chamados de "homens envelhecidos na malícia" e "mentirosos acusadores de inocentes". Já no relato da mulher adúltera, os mais velhos são os primeiros a irem embora, certamente porque, tendo vivido mais tempo, naturalmente cometeram mais pecados.

Enquanto os mestres da Lei e os fariseus insistem em acusar a mulher diante de Jesus, o Evangelho apresenta-o inclinado, escrevendo com o dedo no chão. Quem sabe se ele não escrevia precisamente os muito pecados dos acusadores ou as sentenças que eles próprios mereciam receber por suas faltas? Para o Senhor, só quem não tem pecado algum pode ocupar o lugar de acusador de seu irmão, o que certamente não é o caso de nenhuma pessoa humana. Apenas Jesus poderia acusar aquela mulher naquele momento. Ele, porém, também não a condena, manifestando assim a misericordiosa bondade que brota do coração de nosso Deus.

Contudo, Jesus não manda embora a mulher de qualquer jeito, após perdoá-la, mas a compromete no próprio perdão recebido. De agora em diante, ela é convidada a transformar a própria existência, exatamente para valorizar a vida completamente nova que o Senhor daí para frente lhe concede. Nisto vemos a metodologia própria do Mestre Jesus: perdoa de todo o coração, mas sempre convida o perdoado a assumir a existência por meio de uma conversão clara e profunda de si mesmo.

A primeira leitura da missa é tirada do segundo Isaías, o mesmo profeta que conviveu com o povo no exílio da Babilônia. A finalidade deste pequeno poema de sua autoria é voltar a dar coragem ao povo abatido e abrir-lhe as expectativas de futuro. Nessa perspectiva, passado e futuro revelam a marca de um único Deus fiel, que segue como sempre comprometido com a total libertação de seu povo. Aqui a volta do exílio dá-se de forma extraordinária, semelhante a um novo Êxodo. Se o primeiro Êxodo foi maravilhoso, muito mais maravilhoso ainda será o novo, descrito pelo profeta de forma paradisíaca. A felicidade e a harmonia do povo é a glória maior de seu Senhor. Nesta linha se coloca o Salmo responsorial (Sl 125), que canta com cores fortes as maravilhas realizadas pelo Senhor neste segundo Êxodo: "Maravilhas o Senhor fez conosco, exultemos de alegria!".

Na segunda leitura, trecho da Carta de São Paulo aos Filipenses, o apóstolo mostra o que para ele significou converter-se completamente o Cristo e deixar-se levar pela sua força. Desse modo, uma só meta põe-se agora diante de Paulo: Cristo Senhor, sentido último de sua existência.

Aprofundando a Palavra

O texto do Evangelho da mulher adúltera é proclamado na celebração litúrgica, assim como tantos outros textos continuamente aí rememorados, não apenas para que nos lembremos de belos fatos antigamente acontecidos, mas para que a sua proclamação-celebração nos leve, de um lado, ao louvor e à ação de graças a Deus que realiza atos maravilhosos no meio de seu povo e, de outro, para que sejamos conduzidos a uma profunda e frutuosa reflexão pessoal, capaz de culminar numa sincera conversão do coração.

Observemos ainda a situação dessa mulher surpreendida em flagrante adultério. Humanamente falando, estava perdida; para ela não havia mais salvação, pois a lei de Moisés era clara: toda mulher pega em adultério, deveria morrer por apedrejamento. E o grupo dos homens "justos" já estavam com as pedras nas mãos para executar a sentença.

A questão posta diante de Jesus pelos mestres da Lei e fariseus não visava acolher a sábia opinião do Mestre a respeito da situação, mas tão somente ter uma ocasião para apanhá-lo em contradição com a Lei. Mas Jesus demonstra que, ao contrário dos acusadores, sua atitude em relação aos pobres e desvalidos é de acolhida e libertação e não de opressão. Afinal, na sua pessoa aproxima-se o Reino de Deus, reino de graça e de verdade, reino de justiça, de amor e de paz. Todos os que recorriam a Jesus, sentiam-se tocados por ele e compreendiam que nele afinal se cumpriam as antigas profecias que anunciavam como atributo do Messias a libertação total do gênero humano.

Em Jesus todo passado é apagado, pois nele se renova a criatura. Em Jesus o antigo acusador perde completamente a sua força e, em sua pessoa, recebemos nova energia, manifestada e garantida pela sua entrega sem limites ao Pai para a salvação de cada um de nós.

O mesmo tema da libertação do passado, tão fortemente presente no Evangelho, retorna em toda a sua plenitude tanto na primeira como na segunda leitura da missa. Na primeira, o convite é não fixar mais os olhos no que passou, mas olhar para a frente, pois o Senhor faz novas todas as coisas. Diante de nós, tais maravilhas já estão atuando: basta apenas ter olhos para enxergá-las. Na segunda, Paulo, velho e vizinho à morte, sem olhar para trás, projeta-se para o que se acha à sua frente. Diante dele, de fato, encontra-se Jesus Cristo, meta e prêmio, pelo qual o apóstolo tudo abandonou e em quem ele se realiza completamente.

Unindo Palavra e liturgia

Encontramo-nos no quinto Domingo da Quaresma e a liturgia, enfim, nos põe bem vizinhos à "Grande Semana" ou "Semana Santa". Aproxima-se, pois, o tempo supremo em que se realizará a nossa libertação. Como discípulos e discípulas do Senhor, somos intimamente convidados por ele a permanecermos firmes a seu lado nestes momentos tão significativos de sua trajetória terrestre, e a tomarmos parte no seu sofrimento, para também sermos considerados dignos de compartilharmos a sua vitória. Nada melhor, pois, do que procurarmos nos integrar cada vez mais à liturgia da Igreja, em especial, à liturgia eucarística, de onde receberemos as forças necessárias para a nossa firme caminhada ao lado de Cristo.

Se no Domingo passado, como o filho mais novo, após um período afastado do Senhor, éramos acolhidos na casa paterna pela misericordiosa bondade de nosso Deus, hoje, com a mulher adúltera, o mesmo Senhor nos salva e nos recebe na alegria de seu amor, mesmo conhecendo nossos pecados e nos exortando a não pecarmos mais. A celebração de tal realidade constitui o cerne da presente Eucaristia, devendo ser aprofundada e dignamente cantada por toda a comunidade cristã.

Nesse sentido, o complexo eucológico ou oracional da missa de hoje nos pode fornecer úteis pistas em vista de uma intensa reflexão. É o caso da oração coleta, que na sua intercessão pede a Deus que caminhemos na mesma caridade que levou Jesus Cristo, no seu supremo amor pelo mundo, a entregar-se à morte. A formação pelos ensinamentos da fé e a purificação do mal são os temas da oração sobre as oferendas. A antífona da comunhão recorda a frase central do Evangelho de hoje: "Mulher, ninguém te condenou? – Ninguém, Senhor. – Nem eu te condeno. Vai, não peques mais!". A oração após a comunhão pede que, comungando do Corpo e Sangue de Cristo, sejamos, de fato, membros seus.

Domingo de Ramos da Paixão do Senhor

Eis que a vossa libertação se aproxima!

Evangelho da Procissão de Ramos: Lc 19,28-40 – "Bendito o Rei, que vem em nome do Senhor! Paz no céu e glória nas alturas!"

Primeira leitura: Is 50,4-7 – "O Senhor Deus deu-me língua adestrada, para que eu saiba dizer palavras de conforto à pessoa abatida."

Salmo responsorial: Sl 21(22),8-9.17-18a.19-20.23-24 – "Meu Deus, meu Deus, por que me abandonastes?"

Segunda leitura: Fl 2,6-11: "Toda língua proclame: 'Jesus Cristo é o Senhor', para a glória de Deus Pai."

Evangelho (mais breve): Lc 23,1-49 – "Pai, em tuas mãos entrego o meu espírito."

Introduzindo o tema

No Domingo de Ramos da Paixão do Senhor as leituras litúrgicas são as mesmas nos Anos A, B e C, exceto os Evangelhos. A celebração inicia-se com o primeiro Evangelho da entrada de Jesus em Jerusalém, em que é narrado o modo como ele, pela última vez, adentra e é acolhido na Cidade Santa de Jerusalém seis dias antes de sua morte.

Importa perceber que a partir deste Domingo e durante toda a Semana Santa, de um modo todo especial, nossa liturgia vai se fundamentar na maneira como era celebrado o drama da paixão e ressurreição do Senhor em Jerusalém mais ou menos na última parte do século IV. Sabemos isto graças ao relato da peregrina Egéria ou Etéria, proveniente do Ocidente, que, visitando a Terra Santa entre os anos 381 e 384, deixou-nos uma descrição bastante completa da liturgia de Jerusalém neste período.[1] Tal descrição, de importância incalculável para a Igreja, vai influenciar a organização celebrativa em todas as liturgias cristãs no Ocidente e no Oriente, sobretudo no que se refere à Quaresma e à Páscoa.

No século IV, com efeito, aproveitando-se do clima de paz e benevolência favorecido pelo Império Romano, enfim cristianizado, a liturgia começa a se desenvolver de forma esplêndida, até alcançar modalidades que se firmarão através dos tempos, e que até hoje se fazem presentes e atuantes. Tal processo vai receber, a partir da segunda metade do século IV, uma aceleração que lhe permitirá atingir uma estrutura madura, preponderante e, enfim, definitiva.

Em primeiro lugar, Egéria nos diz que a liturgia de Jerusalém é a única no mundo a poder celebrar os mistérios centrais do Senhor no

---

[1] Cf. nota n. 2 da Quarta-Feira de Cinzas.

"tempo" e no "lugar", isto é, no tempo litúrgico determinado pela Igreja e no lugar em que tais mistérios realmente sucederam. Isso dá à liturgia da Cidade Santa imensa importância perante toda a Igreja. Desse modo, apenas em Jerusalém a solene entrada de Jesus pode ser celebrada no exato lugar em que outrora aconteceu, conferindo à liturgia forte caráter histórico.

Conforme informa a nossa peregrina, pelas cinco horas da tarde do Domingo de Ramos, na igreja do *Imbomon,* construída no alto do monte das Oliveiras para recordar a subida do Senhor Jesus aos céus, procede-se à leitura da entrada do Senhor em Jerusalém. Em seguida, parte daí uma procissão em direção a Jerusalém, durante a qual são proclamadas antífonas e hinos apropriados à celebração deste dia. Chegando à igreja da *anástasis,* edificada sobre a gruta da sepultura e da ressurreição do Senhor, celebra-se o *lucernário,* na conclusão do qual o povo é despedido.

Comentando a Palavra

A liturgia prevê neste dia de Ramos a proclamação de dois textos evangélicos, um primeiro, que antecede a procissão e que narra a entrada do Senhor na Cidade Santa, e um segundo, lido durante a missa, que corresponde ao relato da Paixão do Senhor.

Como primeiro Evangelho, é proclamada, na liturgia do Ano C, a passagem de Lucas. A base sobre a qual a descrição da entrada de Jesus em Jerusalém foi redigida nos vários evangelistas (Mt 21,1-11; Mc 11,1-10; Lc 19,28-40), bem como os elementos oferecidos para a sua interpretação, certamente nos remetem ao texto de Zacarias 9,9. Na narrativa deste profeta, o Messias é um rei justo e vitorioso que vem, mas que não se deixa acompanhar por poder e riquezas, à moda dos reis tradicionais. Ele é pobre e não exibe ostentação alguma.

Jesus encarna bem este quadro de simplicidade descrito pelo profeta. Não obstante isso, recebe dos discípulos e de todo o povo que o acompanha um louvor de inspiração messiânica. Importa observar, no final da descrição de Lucas, a inquietação dos fariseus, que rogam a Jesus no sentido de calar o louvor dos discípulos. No entanto, bem mais significativa ainda é a resposta do Mestre: "Eu vos declaro: se eles se calarem, as pedras gritarão".

No que se refere aos textos da missa do dia, temos como primeira leitura Isaías 50,4-7, retirado dos poemas do Servo sofredor. Esses poemas são ao todo quatro. Aqui é oferecido o terceiro poema, no qual o Servo diz possuir uma língua adestrada pelo próprio Senhor e demonstra absoluta confiança em Deus. Ele, na verdade, é grande sofredor: oferece as costas às pancadas que padece, o rosto aos que arrancam a sua barba e não desvia a face dos bofetões e das cusparadas que recebe. Apesar de tudo, prossegue firme e não deixa o ânimo abater, pois conhece bem em que confiou. E se demonstra absolutamente certo da vitória final, a qual lhe será outorgada por Deus. O Servo sofredor do poema é apresentado aqui tanto de modo pessoal, qual um inocente padecente que não se deixa abater, quanto de forma coletiva, semelhante a uma representação de Israel perseguido pelos povos pagãos. Em todo caso, por se tratar de um texto de grande fidúcia, é capaz de criar no coração do discipulado uma grande confiança e de se adaptar de modo perfeito a esta celebração que abre a Semana Santa.

Alongando o tema do sofrimento voluntariamente assumido pelo justo de que trata a primeira leitura, somos colocados hoje diante da profundidade reflexiva do Salmo 21, cantado como salmo responsorial. O refrão reproduz o brado de Jesus na cruz: "Meu Deus, meu Deus, por que me abandonaste?", enquanto o inteiro Salmo faz uma aplicação do sofrimento do justo, tradicionalmente aplicado ao sofrimento do Mestre na cruz. De importância no conjunto deste canto, são as palavras proféticas: "Eles repartem entre si as minhas vestes e sorteiam entre si a minha túnica", que os evangelistas veem totalmente cumpridas pelo Senhor no momento da crucifixão.

A segunda leitura, da Carta de Paulo aos Filipenses, é texto conhecido e de imensa beleza, por apresentar a entrega total de Cristo pela humanidade: sendo de condição divina, humilhou-se até a morte, assumindo a morte na cruz; e por isso recebeu grande exaltação de Deus. Trata-se aqui de um grande convite apresentado pela liturgia deste Domingo a cada discípulo, no sentido de agradecer e adorar o Senhor Jesus que se ofereceu no madeiro da cruz com tanto amor.

O Evangelho neste Ano litúrgico C reporta a Paixão de Jesus segundo o evangelista Lucas, o qual procura pôr o sofrimento de Cristo sob o signo do amor misericordioso de Deus. Desse modo, a paixão para Lucas nada mais é do que a suprema revelação de amor do Pai manifestado a favor de seu Filho Jesus e a favor de todos os homens.

Para ressaltar isso, Lucas jamais chama a atenção para as responsabilidades dos judeus e dos discípulos na paixão. Simplesmente inocenta quase todo mundo, pois para ele o sangue de Jesus lava qualquer falta. Não indica, por exemplo, que por três vezes Jesus encontra os discípulos adormecidos, não diz que os discípulos fugiram do Getsêmani, nem que Jesus foi cuspido e amarrado para ser levado a Pilatos. Também atenua ao máximo a traição de Judas. Pela própria força do perdão, Lucas inocenta quase todos. O segredo de tal perdão reside na comunhão entre Jesus e o Pai.[2] Lucas assim vai fazer da inteira narração da Paixão

---

[2] Cf. MAERTENS, Th.; FRISQUE, J. **Guia da Assembleia Cristã.** Petrópolis: Vozes, 1970, v. 3, p. 258-259.

de Jesus um intenso anúncio da misericórdia e da compaixão de Deus, uma grande obra de evangelização.

Aprofundando a Palavra

O evangelista Lucas descreve a inteira vida de Jesus como uma contínua subida em direção a Jerusalém, para a realização aí de seu destino salvífico, correspondendo a uma grande visita escatológica de Deus ao seu santuário. Os simples e pobres reconhecem facilmente em Jesus o Deus que os visita e o acolhem festivamente quando de sua chegada. Os grandes e potentes da terra, porém, detentores do poder civil e religioso, procuram de todos os modos negar tal evidência. Jerusalém, assim, apesar de inundada de luz, não reconhece o momento em que foi visitada pela salvação que vem do alto.

Esta salvação de Jesus se faz presente ao longo do tempo à medida que o discípulo segue a estrada do Mestre, em que se põe a caminho lado a lado com ele. Seu caminho, porém, não é fácil de ser trilhado, porque envolve oposições, rejeições, hostilidade. Quem desejar caminhar com ele, também deve estar preparado para padecer, ser rejeitado, ser hostilizado. E como a tudo isso o Senhor responde com perdão, compaixão e acolhida, na prática já nos deixa o exemplo daquilo mesmo que espera do seu discipulado.

Celebrar liturgicamente o dia de Ramos é se comprometer a estar com o Senhor no início e ao longo de sua semana maior de paixão. É estar disponível a aclamá-lo festivamente no culto de louvor, mas também a concretizar este culto através do fiel e responsável seguimento do Mestre ao longo dos caminhos da vida. Este seguir a Jesus implica estar disposto a dar concretamente a vida por ele. Pode acontecer mesmo que esta entrega não exija de nós o oferecimento material da vida pelo derramamento do próprio sangue, como aconteceu e acontece com inúmeros mártires, fiéis testemunhas do Cristo, tanto ontem como hoje, mas obrigatoriamente exigirá a doação do nosso coração, da nossa inteligência, da vontade e da liberdade em vista da realização do serviço de Deus para a inauguração do seu Reino já a partir desta terra. Nesse sentido, todo cristão é candidato ao martírio, pelo total oferecimento de si a Deus, em Cristo, no Espírito Santo.

Unindo Palavra e liturgia

Como vimos, toda a liturgia do dia de Ramos apresenta-se como um convite de Jesus a cada cristão no sentido de que permaneça a seu lado como discípulo fiel e solidário, compadecendo-se dele. Participar bem do culto deste dia litúrgico é, pois, rogar ao Pai que nos faça dignos de permanecer bem junto de seu Filho Jesus nesse momento crucial em que aceita morrer e assume a cruz. A participação na liturgia eucarística neste dia deve nos ajudar a atingir este passo decisivo. Para a realização desta finalidade, pois, convergem cada gesto, cada proclamação e cada oração da missa de hoje.

A procissão inicial com os ramos tem a precisa intenção de nos pôr na estrada com Jesus, cumprindo uma dupla finalidade: de um lado, colocamo-nos ao lado do Mestre neste momento supremo de sua vida e, de outro, damos testemunho dele no mundo de forma pública e manifesta. Para realizar o mistério de sua morte e ressurreição, Jesus sobe a Jerusalém. Como o povo daquela época que, a seu lado, o seguia e aclamava, também nós, em movimento, o proclamamos "Filho de Davi" e "Rei de Israel". Tal caminhada, conforme rezamos na primeira oração de bênção dos ramos, é movida pela esperança de chegarmos também por ele à Jerusalém celeste. Já a segunda opção de oração de bênção pede que, apresentando hoje ao Cristo os nossos ramos, possamos frutificar em boas obras.

A proclamação do primeiro Evangelho nos recorda a entrada histórica do Mestre na cidade e nos anima a realizarmos hoje a caminhada com o mesmo ânimo do povo daquela época. Na oração coleta, perante o exemplo de humildade daquele que se fez homem e morreu na cruz, rogamos que Deus nos conceda aprender o ensinamento da sua paixão e ressuscitar com ele em sua glória. A oração sobre as oferendas pede, pela Paixão do Senhor, a nossa reconciliação com Deus, e também, pelo sacrifício de Jesus, o perdão que não merecemos por nossas obras. Na oração após a comunhão, solicitamos a Deus que, assim como nos deu, pela morte de Jesus, esperar o que cremos, por sua ressurreição consigamos o que buscamos. Enquanto isso, o prefácio próprio do Domingo de Ramos apresenta Jesus inocente, desejando sofrer pelos pecadores, e santíssimo, escolhendo morrer pelos criminosos. Por sua morte, temos os pecados perdoados e, por sua ressurreição, vida nova nos é outorgada.

A primeira leitura nos ensina a sermos fortes no sofrimento e a confiarmos apenas em Deus, como o Servo de Javé. Na segunda leitura, ante a fiel obediência de Cristo, que se entregou até a morte e morte de cruz, aprendemos a também obedecer a Deus, mesmo quando tal obediência nos custa muito. Já a leitura do Evangelho da Paixão é um convite a nos comprometermos com aquele que, totalmente comprometido conosco, ofereceu a vida por cada um de nós.

Participando da liturgia eucarística no Domingo de Ramos, aceitamos Jesus pobre e sofredor como nosso Senhor e Redentor e nos empenhamos em levar a sua mensagem de vida ao mundo inteiro. A liturgia nos faz hoje uma proposta no sentido de não abandonarmos Jesus neste supremo momento de dor. Peçamos, pois, ao Pai a graça de nunca nos afastarmos de seu Filho, causa de nossa salvação e sentido último de nossa existência.

Quinta-Feira Santa
Missa da Ceia do Senhor

O serviço amoroso ao próximo salvará o mundo

Primeira leitura: Ex 12,1-8.11-14 – "Este dia será para vós uma festa memorável em honra do Senhor, que deveis celebrar como instituição perpétua."

Salmo responsorial: Sl 115(116B),12-13.15-16bc.17-18 – "O cálice por nós abençoado, é a nossa comunhão com o sangue do Senhor."

Segunda leitura: 1Cor 11,23-26 – "Todas as vezes que comerdes deste pão e beberdes deste cálice, proclamareis a morte do Senhor, até que ele venha."

Evangelho: Jo 13,1-15 – "Dei-vos o exemplo, para que façais a mesma coisa que eu fiz."

Introduzindo o tema

Com a celebração da missa vespertina da Quinta-Feira Santa, entramos em cheio no tríduo pascal da paixão, morte e ressurreição do Senhor. Nesses dias, conforme afirma Santo Ambrósio, Cristo sofreu, repousou e ressuscitou (Ep. 23,12-13). Mas, como assim, se um tríduo é formado por três dias, ao passo que aparecem diante de nós quatro dias, ou seja, quinta-feira, sexta-feira, sábado e domingo de Páscoa? Aqui precisamos organizar bem o pensamento.

Nas celebrações litúrgicas, nossa Igreja segue um antigo e característico costume judaico, segundo o qual um dia festivo inicia sempre na véspera do dia anterior, à tardinha. Um exemplo disso é o fato de que em praticamente todos os sábados do ano a Igreja celebra já na tarde do sábado a missa do Domingo, porque o Domingo, grande dia festivo, começa na tarde do dia anterior. Desse modo, o primeiro dia do tríduo pascal inicia na tarde da quinta-feira e vai até a tarde da sexta-feira, o segundo, da tarde da sexta-feira à tarde do sábado, e o terceiro, da tarde do sábado à tarde do domingo. Temos, portanto, três dias que formam o tríduo pascal e não quatro.

A celebração do tríduo pascal no mundo cristão teve início no século IV, tendo como base a liturgia praticada em Jerusalém, que revivia os mistérios da nossa salvação no *tempo* e no *lugar* em que eles aconteceram. Como já tivemos a oportunidade de observar, tal foi possível somente porque as tradições da Igreja de Jerusalém do final do século IV se difundiram graças às anotações da peregrina Egéria, que descreveu com exatidão em sua obra as comemorações mais importantes do ano litúrgico que aconteciam na Cidade Santa de Jerusalém.

Na Quinta-Feira Santa pela manhã, nas várias catedrais das dioceses, realiza-se a missa do Crisma, quando são abençoados pelo bispo os santos óleos dos Enfermos, do Batismo ou Catecúmenos e do Crisma. Além disso, nesta mesma missa, todo o clero reunido em torno do seu pastor renova as promessas de sua doação a serviço da Igreja.

Na tarde da Quinta-Feira Santa, inicia-se o tríduo pascal da paixão, morte e ressurreição do Senhor, ápice de todo o ano litúrgico. Aí celebramos alguns dos momentos mais centrais de nossa salvação. Em primeiro lugar, o serviço às pessoas, que se constitui no núcleo da vida cristã; também a missa da Ceia do Senhor, em que comemoramos Cristo que escolhe permanecer conosco na Palavra proclamada e celebrada no meio da comunidade e através do pão e do vinho eucaristizados; e, enfim, a entrada de Jesus no supremo momento de sua doação para a redenção de toda a humanidade. Tudo isto faz deste primeiro dia do tríduo pascal um tempo por excelência de celebração litúrgica da assembleia cristã e momento propício para uma profunda reflexão sobre as bases eucarísticas de nossa fé.

A liturgia desta tarde é marcada sobretudo pela comemoração da Última ceia e instituição da Eucaristia. Mas, na missa, realiza-se também o lava-pés, cerimônia simples, mas extremamente rica de ensinamentos práticos para o discipulado que deseja seguir fielmente o seu Senhor.

Comentando a Palavra

O texto da primeira leitura, do livro do Êxodo, faz uma apresentação do cerimonial judaico da ceia pascal. A finalidade aqui é levar o judeu, já instalado na terra, a desenvolver no íntimo de si próprio aquela mesma disponibilidade que caracterizou a geração do povo que foi resgatada da escravidão do Egito. A Páscoa, assim, diz respeito a cada israelita, que se sente pessoalmente libertado pelo Senhor. Tudo conduz a comprometer pessoalmente cada participante. Nesse sentido é que se apresentam as recomendações quanto ao cordeiro pascal: deve ser comido durante uma vigília, às pressas, com os rins cingidos, sandália nos pés e cajado nas mãos. Sua imolação liga-se à preservação do povo hebreu no tocante às pragas do Egito e sinal de sua libertação por parte do Senhor.

À cerimônia própria da Páscoa vai se ligar o ritual dos pães sem fermento, costume agrícola relacionado à colheita da cevada. Como a cada ano se devia produzir um novo fermento, era proibido misturar o fermento velho com a farinha nova. Isso exigia que durante certo tempo fossem comidos pães sem fermento, até que o novo fermento fosse produzido. Os pães ázimos foram então interpretados como resultado da pressa daqueles que fugiam do Egito.

Para o discípulo cristão, Cristo é efetivamente o cordeiro pascal, que constitui o novo povo através da libertação das potências do mal e o direciona para a verdadeira e definitiva terra das promessas.

A segunda leitura apresenta, na descrição de Paulo, as palavras de Jesus na Última ceia, palavras, através das quais, o Mestre efetivamente institui a Eucaristia. Esta indica, sobretudo, o imenso desejo do Senhor de permanecer na sua Igreja, ao lado do seu discipulado. A Eucaristia torna-se, pois, uma grande prova de amor para conosco. Por ela, somos feitos dignos de participarmos constantemente do memorial do Senhor.

A cena do lava-pés nos é narrada unicamente no Evangelho de João. Ela, de um lado, constitui o momento central da derradeira Ceia do Senhor e, de outro, introduz-nos em cheio na realidade do mistério pascal. Do lava-pés Cristo não exclui nem mesmo o traidor, embora para ele o rito não traga utilidade alguma. Nosso Senhor, porém, se abaixa em atitude de serviço e de doação mesmo diante de quem o trairá.

O salmo responsorial da missa, Salmo 115, resume o grito daquele que se sente agraciado pelo Senhor, e não sabe como responder diante de tanto amor e dedicação: "Que poderei retribuir ao Senhor Deus por tudo o que ele fez em meu favor?". Elevo o cálice e invoco o seu nome. Trata-se aqui de um sacrifício de louvor e de ação de graças, agradável ao Senhor, mas que se concretiza somente na medida em que me disponho a cumprir diante dele as minhas promessas.

Aprofundando a Palavra

O trecho do Evangelho desta missa nos surpreende, exatamente por se tratar de uma página da autoria do grande evangelista João. Nos textos de Mateus, Marcos, Lucas e na Primeira Carta de Paulo aos Coríntios, que constitui a segunda leitura de hoje, na descrição da Ceia do Senhor encontramos sempre as palavras com as quais Cristo institui a Eucaristia e nos manda realizá-la constantemente em sua memória. Trata-se de narrações importantíssimas, pelo conteúdo que encerram e por integrarem o coração e formarem o núcleo das várias orações eucarísticas utilizadas até hoje pela comum tradição litúrgica ocidental e oriental.

Todavia, na descrição que João faz da Última ceia, ao invés de apresentar as palavras da instituição, o evangelista prefere narrar outro acontecimento, ou seja, a ação do Mestre Jesus que se põe a lavar os pés dos seus discípulos. Por que logo o Evangelho segundo João, que é o mais simbólico entre todos, na sua parte mais fundamental, abandona as santíssimas palavras de Jesus na ceia, preferindo expor aí o lava-pés? Não é estranho que um ato tão comum, como o de lavar os pés dos discípulos, ocupe um ponto tão alto num texto rico e profundo como é o caso do quarto Evangelho, enquanto as palavras da instituição são deixadas de lado?

Não existe absolutamente nada de estranho nesta escolha de João Evangelista; pelo contrário. O lava-pés constitui o outro lado da ação eucarística ou, mais precisamente, a sua profunda concretização. Só quem está disposto a lavar os pés dos irmãos, no sentido de acolhê-los, de perdoá-los, de acudi-los, de verdadeiramente amá-los, pode tomar parte de maneira digna na refeição sacrifical do Senhor. Dessa forma, o evangelista João quer apontar de modo claro as íntimas ligações que intercorrem entre missa e vida, entre a caridade celebrada e a caridade praticada, entre o desejo de viver o amor ao irmão e a realidade concreta desta vivência. Por isso, ele faz uma escolha bem consciente quando privilegia a ação do lava-pés ante a descrição da celebração eucarística, pois a celebração, de um lado, supõe a ação caritativa e, de outro lado, a ela conduz.

No momento em que lava os pés dos discípulos, o Senhor também lhes deixa um importantíssimo mandamento: "Portanto, se eu, o Senhor e Mestre, vos lavei os pés, também vós deveis lavar os pés uns dos outros. Dei-vos o exemplo, para que façais a mesma coisa que eu fiz". Na realização daquilo que Jesus fez naquela ceia derradeira, se encontra o mistério do seu amor por nós. Na pronta imitação desse seu gesto, também se encerra o mistério de nosso amor pelo Mestre, concretizado no amor que dispensamos ao irmão. A Quinta-Feira Santa é dia especialmente propício para a reflexão dos cristãos sobre a prática do amor.

Unindo Palavra e liturgia

Para o cristão, a morte e a ressurreição de Jesus estão em profunda simbiose. Desse modo, com o tríduo da paixão, morte e ressurreição do

Senhor, inicia-se já a celebração pascal da Igreja. Sobre essa realidade já nos chama a atenção Egéria, no seu documento de viagem, quando nos permite observar que, em Jerusalém, não se separa o único mistério da paixão-ressurreição de Jesus. Ao mesmo tempo, porém, o acento é colocado sobre a ressurreição, pois ela é a finalidade da paixão, além de representar a esperança dos cristãos.

A missa da Ceia do Senhor na Quinta-Feira Santa nos revela uma liturgia cheia de simbolismos, exatamente por se tratar de um dia rico e alegre. Afinal, em tal liturgia, o Senhor oferece à sua amada Esposa, a Igreja, o dom maior de si mesmo, que é a Eucaristia. Celebrando a ceia no dia em que Jesus a instituiu, seu discipulado fiel é convidado a continuar realizando-a constantemente, com grande zelo, com dedicação e supremo amor, até que ele volte.

Por outro lado, a Quinta-Feira Santa, sem deixar de ser alegre, é também um dia de grande pesar e de intensa tristeza, porque aí Jesus entra no doloroso percurso de sua paixão, devendo enfrentar uma noite de traição e de angústia. Esta ambivalência litúrgica se revela, por exemplo, no fato de que na missa da ceia cantamos o canto do *Glória*, expressando nosso regozijo eucarístico, mas não o canto do *Aleluia*, o qual, até a Vigília Pascal, continuará silenciado. Com isso, vemos como a liturgia da Quinta-Feira Santa, sendo admirável, é também bastante particular.

O caráter particular desta liturgia está marcado até mesmo no início do trecho do Evangelho de hoje, segundo João: "Era antes da festa da Páscoa. Jesus sabia que tinha chegado a sua hora de passar deste mundo para o Pai; tendo amado os seus que estavam no mundo, amou-os até o fim". O amor de Jesus pela humanidade é amor total, que se entrega até a última gota e a última doação de si mesmo: "até o fim". E é dentro deste preciso quadro que se insere hoje a narração do lava-pés. Jesus se oferece não por obrigação, mas por amor; não para aparecer ou ser reconhecido, mas para servir a inteira humanidade. Ele é o Servo que dá a sua vida pelos irmãos. Este é o caminho de Jesus e este é o caminho do discípulo. Quem não aceita tal destino não pode ser do grupo de Jesus. Daí o apelo especialmente feito hoje a Pedro pelo Senhor, no sentido de que aprenda na prática a servir.

Os textos oracionais desta missa, fazendo eco ao sentido profundo desta liturgia, vão pedir a graça de chegar à plenitude da caridade e da vida (oração coleta); a graça de participar dignamente da Eucaristia, pois todas as vezes que a celebramos, torna-se presente a nossa salvação (oração sobre as oferendas); a graça de também sermos saciados na ceia eterna do reino (oração após a comunhão). Sua carne imolada por nós é alimento que nos fortalece, e seu sangue derramado é bebida que nos purifica (prefácio da Santíssima Eucaristia, I).

Além do lava-pés, cuja dramatização começou a ser realizada em Jerusalém já na metade do século V, espalhando-se em seguida pelo Oriente e pelo Ocidente cristão, dois outros ritos vão se acrescentar à liturgia da Quinta-Feira Santa. O primeiro deles, a solene procissão de transladação do Santíssimo Sacramento, feita no final da missa, responde à necessidade prática de levar a um lugar diferente do costumeiro sacrário da igreja, as hóstias para a comunhão do povo no dia seguinte. Tal transladação vai aparecer entre os séculos XIII e XIV, junto à crescente devoção ao Corpo e Sangue de Jesus, que tomará conta da espiritualidade desse tempo. O segundo rito é constituído pelo desnudamento do altar no final da missa, o qual ganhará grande simbolismo por causa da lembrança do desnudamento do Senhor na cruz.

No final da celebração, os cristãos normalmente se colocam em adoração diante das sagradas espécies, na capela para isso previamente preparada, e veneram a presença real e permanente de Cristo na Eucaristia, dom maior do Senhor Jesus à sua Igreja. Esta adoração normalmente não deveria ultrapassar a meia-noite, pois, a partir de então, a lembrança da Eucaristia cede lugar à recordação da traição, prisão, paixão e morte do Senhor.

Diante do lava-pés cada discípulo, tanto de ontem como de hoje, é convidado a descobrir o essencial de sua vocação cristã. Tal vocação só terá sentido se for vivida a serviço dos irmãos, em espírito de humildade e de sacrifício, da mesma forma como o fez o Senhor: "Dei-vos o exemplo, para que façais a mesma coisa que eu fiz".

Sexta-Feira Santa da Paixão do Senhor
Celebração da Paixão

A suprema prova de amor é dar a vida

Primeira leitura: Is 52,13–53,12 – "Ele tomou sobre si nossas enfermidades e sofreu ele mesmo nossas dores."

Salmo responsorial: Sl 30(31),2.6.12-13.15-16.17.25 – "Ó Pai, em tuas mãos eu entrego o meu espírito."

Segunda leitura: Hb 4,14-16; 5,7-9 – "Temos um sumo sacerdote eminente, que entrou no céu, Jesus, o Filho de Deus."

Evangelho: Jo 18,1–19,42 – "Jesus o Nazareno, o Rei dos Judeus."

Introduzindo o tema

A Sexta-Feira Santa da Paixão do Senhor é dia de jejum e de participação no sofrimento de Jesus. Todavia, para o cristão, não se trata de dia fúnebre, mas de tempo de amorosa contemplação da entrega de Cristo em proveito da nossa salvação. É um momento importantíssimo na vida do discípulo, que se sente convocado a estar ao lado de seu Mestre, solidário em sua dor e compadecido em sua paixão, mas na esperançosa esperança de sua iminente ressurreição.

Ao longo da história cristã, foi bastante variada a participação nas cerimônias deste dia. No século II, por exemplo, havia um jejum que se prolongava por quarenta horas, durante o qual não se podia comer nem beber absolutamente nada. De modo geral, porém, durante os três primeiros séculos não havia uma liturgia especial para a Sexta-Feira Santa, muito embora os cristãos jamais deixassem de fazer aí um rigorosíssimo jejum.

Após o fim do século IV, graças à divulgação da obra da peregrina Egéria, que difundiu nas várias Igrejas do mundo a liturgia de Jerusalém por ela mesma vivenciada, é que surgem três formas de liturgia não eucarística. Vejamos cada uma delas: a) Adoração da relíquia da cruz: em Jerusalém, pelos anos 381-384, conforme nos assinala Egéria, pela manhã, adorava-se a cruz no Gólgota, costume que se estende logo a todas as Igrejas; b) Liturgia da Palavra com relato da paixão: também em Jerusalém, no início da tarde, realizava-se esta cerimônia, como sempre, adaptada ao tempo litúrgico em que era celebrada e ao lugar da celebração; c) Liturgia da Palavra e adoração da cruz numa só celebração: no Ocidente, sempre após a exposição de Egéria, começou-se a fazer, na parte da tarde da Sexta-Feira, uma Liturgia da Palavra com o relato da paixão e canto de Salmos a ele relacionados. Onde havia relíquia da cruz, procedia-se também à sua adoração.

Durante a Idade Média, todas essas celebrações, antes simples, transformaram-se na solene "Missa dos pré-santificados", juntando muitas partes da liturgia eucarística. No que se refere à hora da cerimônia da Sexta-Feira Santa, permaneceu quase sempre pelas três da tarde, buscando coincidir com o horário em que o Senhor entregou o seu espírito.

Segundo antiquíssima tradição, a Igreja jamais celebra neste dia a Eucaristia, mas apenas uma ação litúrgica composta de três partes: liturgia da Palavra, com a proclamação de três leituras, sendo a última, o texto da paixão; adoração do madeiro da cruz; comunhão com as hóstias consagradas anteriormente. Tal liturgia não é mais realizada com vestes pretas, como se fazia até a reforma empreendida pelo Concílio Vaticano II. São usados agora paramentos vermelhos, cor capaz de representar de maneira mais intensa o martírio do Senhor e sua entrega sem reservas por cada um de nós. O Ordo de 1970 restitui à Sexta-Feira Santa o seu antigo título: *In Passione Domini*.

Comentando a Palavra

A liturgia da Palavra da cerimônia dos pré-santificados prevê o anúncio de duas leituras antes do Evangelho, intercaladas pelo salmo responsorial, e seguidas pela proclamação da Paixão do Senhor segundo João. Após uma breve homilia, a parte reservada à Palavra é concluída pela magnífica oração universal ou dos fiéis, que nesse dia sobe solene aos céus.

Como primeira leitura, temos o quarto cântico do Servo Sofredor. Ao longo do texto de Isaías, por vezes, não é fácil distinguir perfeitamente entre o nível coletivo e o individual, pois os dois se misturam e se interpõem. Assim sendo, o sofredor do presente poema tanto pode ser o inteiro povo de Israel como um indivíduo em particular. Dando-lhe uma interpretação coletiva, aí está representado, em primeiro lugar, a sorte de todo um povo, o povo eleito do Senhor, cujo castigo se transforma em expiação para as nações.

A partir, porém, do versículo 7b, o oráculo parece representar uma figura pessoal, o que é corroborado pelo Novo Testamento, que aplica a figura do servo a Cristo. Seu sacrifício redentor se realiza a favor de uma multidão de nações e mesmo a favor dos que o rejeitam. Este Servo, enfim, une dois polos bem distintos: de uma parte, é sumamente rebaixado, e, de outra, exerce a salvação em vista de todas as nações.

Como salmo responsorial da celebração é proposto o intimismo do Salmo 30, canto de lamentação e confiança, cujo refrão, tirado de Lucas 23,46: "Ó Pai, em tuas mãos, entrego o meu espírito", manifesta a doação confiante e total de Cristo que morre sobre o madeiro da cruz. O texto da Carta aos Hebreus, que se segue como segunda leitura, apresenta a absoluta solidariedade de Cristo com a condição humana: igual a nós em tudo, menos no pecado. O cristão, pois, não tem mais necessidade do sacerdócio do Templo, nem dos sacrifícios e oferendas aí realizadas, porque Jesus é seu único sacerdote, único mediador entre Deus e a humanidade e único e eterno sacrifício. Entende-se isso porque sendo ele verdadeiramente Deus e homem, é perfeitamente capaz de representar a humanidade ao Pai. Daí o convite para que nos aproximemos com confiança e fé do trono da graça, a fim de participarmos da misericórdia e da bondade de Deus que agora é facultada, por meio de Cristo, a todos. Este eminente sumo sacerdote é, de fato, bem capaz de compadecer-se de nossas fraquezas, pois permanecendo Deus, participa também da condição que nos é própria.

Na celebração da Sexta-Feira Santa tradicionalmente se proclama a Paixão de Jesus Cristo segundo o evangelista João, coisa de excepcional importância, seja pela riqueza de dados apresentados, seja pelo forte simbolismo, próprio do quarto Evangelho. Logo de início convém observar que, para João, a morte de Cristo é o momento de sua suprema glória, já que este apóstolo lê os passos da paixão do Salvador à luz da fé pós-pascal. Por isso, no momento da paixão, Jesus é soberano, sendo o que toma a iniciativa em tudo: consciente de tudo o que ia acontecer (Jo 18,4), é ele quem procura os soldados e a eles se apresenta (Jo 18,5); manifesta claramente a sua divindade quando responde aos soldados "sou eu", elemento que faz alusão a Êxodo 3,14; diante da revelação desta divindade, os soldados recuam e caem por terra, atitude característica dos que viram a Deus (Jo 18,6); responde com firmeza e desenvoltura às perguntas do sumo sacerdote e de Pilatos (Jo 18,20-21.34-36–19,11); sua investidura real diante de Pilatos é também claramente enfatizada (Jo 19,13-15); entrega a mãe ao discípulo amado e este à mãe, fazendo nascer daí a Igreja (Jo 19,26-27); e só quando ele quer, entrega o seu espírito, difundindo o Espírito Santo (Jo 19,30). Além do mais, de seu lado aberto pela lança sai a Igreja completa, representada nos sacramentos principais da água e do sangue, símbolo da aliança firmada em torno do novo cordeiro pascal (Jo 19,34).

Abreviando consideravelmente no texto a descrição dos sofrimentos do Mestre, João acentua bastante as marcas da divindade do Senhor. Desse modo, vemos Jesus Cristo alcançando considerável glória já no momento de sua morte. Na doação total ao sacrifício realizado a favor da humanidade, a paixão segundo João já antecipa a vitória suprema da ressurreição.

Aprofundando a Palavra

As cerimônias da Sexta-Feira Santa nos conduzem com naturalidade à consideração do tema do sacrifício espiritual e do seu alcance para a vida do discipulado do Senhor. Na verdade, em todas as grandes religiões, o rito sacrifical se faz sempre presente e é de grande importância, a ponto de revelar a própria concepção que se tem de Deus. Também no Cristianismo este elemento é relevante, embora ganhe um significado completamente novo.

Para o homem pagão, basta que o rito seja realizado obedecendo-se escrupulosamente às prescrições legais impostas, e ele automaticamente será válido e eficaz. Em Israel, porém, as coisas não funcionam deste jeito, conforme continuamente recordam os profetas. Javé não aceita o rito puramente formal, mas apenas aquele que é expressão do coração do oferente. Aliás, já no livro do Êxodo, quando da formação de Israel como nação dedicada a Javé, o Senhor havia expressado com clareza o tipo de culto que esperava de seu povo, através das palavras: "Vistes o que fiz aos egípcios, e como vos levei sobre asas de águia e vos trouxe a mim. Agora, se realmente ouvirdes minha voz e guardardes a minha aliança, sereis para mim a porção escolhida entre todos os povos. Na realidade é minha toda a terra, mas vós sereis para mim um reino de sacerdotes e uma nação santa. São essas as palavras que deverás dizer aos israelitas" (Ex 19,4-6).

Desse modo, já na formação de Israel como povo escolhido, é estabelecido o tipo de culto que o Senhor espera dos seus. Importa observar que não se fala aí de sacrifícios materiais, mas do único sacrifício espiritual que agrada a Deus: "ouvir a sua voz e guardar a aliança". É verdade que havia também em Israel o costume de sacrificar animais, tendo sido instituído para isso o sacerdócio levítico. Correspondia a um antigo uso do povo, ligado ao tempo do deserto, mas não pertencia à natureza do culto de Israel e nem era elemento essencial na relação com Deus.

Sobre isso, assim se expressa o profeta Jeremias: "Assim diz o Senhor dos exércitos, o Deus de Israel: Ajuntai vossos holocaustos com os outros sacrifícios e comei essas carnes, pois não foi disso que falei a vossos pais, não lhes dei qualquer ordem sobre holocaustos e sacrifícios, quando os fiz sair da terra do Egito! Pois esta, sim, foi a ordem que lhes dei: Dai ouvidos à minha palavra, e serei um Deus para vós e vós sereis um povo para mim. Andai pelos caminhos que vos ordenei para serdes felizes" (Jr 7,21-23).

Apesar de todas essas advertências, o povo jamais foi capaz de realizar o verdadeiro sacrifício espiritual. Sacrifícios animais não faltavam em Israel, oferendas materiais eram feitas com extraordinária frequência. Esses sacrifícios poderiam até ser aceitos por Deus, caso fossem expressão do coração humano. Infelizmente, tal não sucedia, o que atraía a crítica dos profetas ao culto: "Mas eles não quiseram ouvir. Não me deram atenção, mas, na teimosia de sua mente perversa, preferiram seguir com seus projetos. Ficaram voltados para trás, não para frente, desde o dia em que fiz seus pais saírem da terra do Egito até hoje" (Jr 7,24-25).

O sacrifício perfeito e agradável que Deus esperava de todo o povo, só foi realmente cumprido por Jesus Cristo, Servo sofredor, que ofereceu a própria vida como expiação pelos pecados do mundo. Ele é a expressão mais pura do sacrifício espiritual que Deus ansiava. Através de uma vida plena de dedicação aos irmãos, Jesus ouviu com fidelidade a voz do Pai e cumpriu com atenção a sua Palavra.

Esta mesma exigência de culto plenamente espiritual, Deus espera receber agora de nós, seus discípulos e discípulas. Quando entregamos a vida pelo outro por amor, fazemos nosso o sacrifício de Jesus. O verdadeiro e perfeito sacrifício espiritual se resume, pois, em amar o próximo de todo o coração e com toda a vida, seguindo sempre o exemplo do Mestre. Quando levamos esse sacrifício à missa, celebramos o sacrifício da vida no sacrifício litúrgico. Por isso a *Sacrosanctum Concilium*, n. 10, com razão vai dizer que a liturgia é "cume" e "fonte" da vida da Igreja, porque nela celebramos o amor e dela recebemos forças para viver o amor.

Unindo Palavra e liturgia

A cerimônia da Sexta-Feira Santa começa com a entrada silenciosa do presidente da celebração e seus ministros, os quais logo se prostram por terra, enquanto o povo se coloca respeitosamente de joelhos. Por meio deste ato se contempla o Senhor que padeceu o sofrimento e assumiu a morte pela humanidade. Em seguida, após a oração inicial, a comunidade se põe à escuta das leituras previstas para o dia.

E eis que somos logo tocados pelo quarto cântico do Servo sofredor, o qual, por meio de uma profunda descrição, tece a história daquele que foi capaz de entregar a vida por nós. Quando, a seguir, proclamamos o salmo responsorial, desde o seu refrão sentimo-nos verdadeiramente convocados à solidariedade com o Cristo inocente, Servo que confiantemente se oferece. Neste oferecimento ele é, ao mesmo tempo, sacerdote, altar e vítima perfeita, conforme comprova a Carta aos Hebreus, corroborada pela proclamação da paixão do Senhor.

Na Oração universal ou dos fiéis, de antiquíssima tradição cristã, abrimo-nos às necessidades universais da humanidade, conscientes de que a salvação de Cristo se destina a todos os povos, raças, línguas e nações, e que todos são responsáveis por todos.

Segue-se o rito de apresentação e de adoração da cruz que, de certa maneira, continua a proclamação da paixão do Salvador. O tradicional canto de lamentação que acompanha tal rito, de beleza incomum, procura fazer um contraste entre a bondade e a dedicação devotadas por Deus a seu povo eleito e a ingratidão e o fechamento com que o povo sempre respondeu a seu amor.

A última parte da cerimônia é marcada pela comunhão da assembleia. Como neste dia a Igreja, seguindo antiga tradição, não apresenta a oferta ao Pai para renovar sobre o altar o sacrifício da cruz, a comunhão é feita com o pão eucarístico consagrado na missa do dia anterior. O altar é momentaneamente coberto por uma simples toalha, a qual é oportunamente retirada quando as sagradas espécies restantes são conduzidas sem solenidade ao local de onde vieram.

No final da comunhão se realiza um breve tempo de silêncio, após o qual o presidente proclama a oração prevista. Nesta se insiste para que o Senhor, que renovou o mundo com a gloriosa morte e ressurreição de Cristo, nos consagre ao seu santo serviço. A seguir o presidente da celebração despede os fiéis apenas com uma oração de bênção. Neste dia a assembleia se dissolve em completo silêncio e em silêncio permanece à espera da Vigília Pascal da noite santa.

Vigília Pascal na Noite Santa

A luz da ressurreição iluminou as nações

Primeira leitura: Gn 1,1–2,2 (História da criação). Salmo responsorial: Sl 103(104),1-2a.5-6.10.12.13-14.24.35c.

Segunda leitura: Gn 22,1-18 (Sacrifício de Isaac). Salmo responsorial: Sl 15(16),5.8.9-10.11.

Terceira leitura: Ex 14,15–15,1a (Passagem do Mar Vermelho). Salmo responsorial: Ex 15,1-2.3-4.5-6.17-18.

Quarta leitura: Is 54,5-14 (Novas núpcias entre Javé e Israel). Salmo responsorial: Sl 29(30),2.4.5-6.11.12a.13b.

Quinta leitura: Is 55,1-11 (Banquete messiânico). Salmo responsorial: Is 12,2-3.4bcd.5-6.

Sexta leitura: Br 3,9-15.32-38 (A volta de Israel a Deus, fonte de sabedoria). Salmo responsorial: Sl 18(19),8.9.10.11.

Sétima leitura: Ez 36,16-17a.18-28 (Renovação do coração). Salmo responsorial: Sl 41(42),3.5bcd; 42,(43),3.4.

Oitava leitura: Rm 6,3-11 (Considerai-vos mortos para o pecado e vivos para Deus). Salmo responsorial: Sl 117(118),1-2.16ab-17.22-23.

Evangelho: Lc 24,1-12: "Por que estais procurando entre os mortos aquele que está vivo?"

Introduzindo o tema

A Vigília Pascal na noite santa, mãe de todas as vigílias, é extremamente rica, tanto em conteúdo como em simbolismo. Pode-se dizer que aqui reside o centro e o coração do ano litúrgico e de toda a vida cristã, pois da Páscoa brota o sacrifício pascal de Cristo e sua obra redentora, irradiando-se no inteiro culto que a Igreja rende ao Pai, pelo Filho, no Espírito Santo.

A participação nesta antiquíssima "vigília em honra do Senhor", em que a comunidade cristã, com velas acesas nas mãos, espera vigilante a vitória do Cristo Ressuscitado, marca de tal modo a existência de cada fiel, que Tertuliano, escritor dos inícios da Igreja, chega a desaconselhar uma mulher cristã a se casar com um homem pagão, por receio de que o marido a impeça de estar presente na santa celebração (cf. *Ad uxorem* II,4).

O discipulado fiel do Senhor é convidado na presente cerimônia a "vigiar", meditando sobre toda a economia da salvação, desde a criação até a parusia. Aí agem, na unidade dos dois Testamentos, a palavra que anuncia a salvação e o sacramento que a realiza, a mensagem que é verbalmente proclamada em meio à assembleia e o mistério que magnificamente se cumpre na atuação salvífica do Filho eterno de Deus.

Para a liturgia da Vigília Pascal são propostas nove leituras, sete do Antigo Testamento e duas do Novo Testamento. Contudo, circunstâncias pastorais podem desaconselhar a proclamação de todas elas. Tenha-se em conta, porém, que não se trata simplesmente de uma "missa grande", como se poderia imaginar, em que alguns procuram reduzi-la a qualquer custo, mas aí se realiza uma especial vigília em honra do Senhor. Por isso, nossa solidariedade para com ele deve se manifestar na proclamação-celebração de todas as leituras propostas. Em casos muito especiais, porém, são indicadas pelo menos três leituras do Antigo Testamento e, para situações verdadeiramente extremas, apenas duas antes da Epístola e do Evangelho. Por outro lado, importa observar que a leitura do livro do Êxodo, que narra a passagem do mar Vermelho, jamais pode ser omitida.

Em meio ao rico simbolismo da Vigília Pascal, e em clima de tensão escatológica, a inteira cerimônia se realiza em quatro partes: celebração da luz ou lucernário, liturgia da palavra, liturgia batismal e liturgia eucarística. Nessa noite a comunidade recorda e revive o evento salvífico da morte-ressurreição do Senhor em clima de grande exultação. Não poderia ser diferente, pois Cristo Jesus ressuscitou, nossa fé foi ratificada, nossa esperança fortificada e a caridade realizada. O próprio fato de se desenvolver durante a noite, e em forma de "passagem", fica evidente o caráter da santa vigília: nela efetuamos a travessia das trevas para a luz, da noite para o dia, da escravidão para a liberdade, do pecado para a graça, da incerteza para a fé, da morte para a vida.

Em meio à abundância de leituras proclamadas durante a vigília, reafirmamos a fé nas promessas de Deus e tomamos consciência de que nosso Batismo não se exauriu num dia apenas e nem se esgotou num único gesto celebrativo, pois deve continuar dando frutos ao longo de toda a existência. Não apenas fomos batizados no passado, mas continuamos em processo batismal. A recepção do meu Batismo não se constituiu num "ponto" isolado de minha vida, mas continua vivo e atuante em cada momento de minha existência, através das respostas afirmativas que, na vida, dou ao meu Senhor e aos meus irmãos.

Comentando a Palavra

Entre as leituras propostas para a celebração nesta noite santa, vale a pena destacar, em primeiro lugar, aquela que é a mais emblemática de todas, e que narra a travessia dos hebreus através do mar Vermelho (Ex 14,15–15,1). Trata-se, como vimos, de um texto cuja proclamação é obrigatória nesta noite, exatamente porque revive o drama histórico que constituiu a Páscoa um fato do Antigo Testamento.

A redação desta passagem do mar Vermelho, posto na celebração como terceira leitura, reflete de modo evidente a consciência de um povo que sabe com exatidão que sua liberdade deveu-se apenas à intervenção de Deus. Por isso, o texto se constitui como uma síntese da fé de Israel no Deus libertador que age em favor dos seus eleitos e toma partido em benefício dos que o amam. Israel repetirá ao longo da existência que Javé o libertou com braço forte, demonstrando para com ele sua eterna misericórdia.

O tema próprio da leitura continua no cântico que Moisés e os filhos de Israel cantaram ao Senhor. As três primeiras estrofes, de profunda exultação, confessa o agradecimento dos israelitas perante a bondade do Senhor, que fez brilhar a sua glória nos grandes feitos realizados no mar. Enquanto isso, a quarta estrofe do canto se abre numa confissão de fé em vista da esperança de que o povo alcance, por intermédio de Deus, a posse da terra prometida.

O texto da travessia do mar Vermelho ganhará no Novo Testamento uma releitura batismal, conforme se vê em Primeira Carta aos Coríntios 10,1-6 e Apocalipse 15,3. Assim, o novo povo será guiado na passagem pelas águas salvadoras, não mais por Moisés, mas pelo próprio Cristo, novo Moisés e autor do verdadeiro Batismo.

Cada uma das demais leituras do Antigo Testamento vai traduzir uma mensagem que se delineia relevante no conjunto da vigília. É o caso da primeira leitura, Gênesis 1,1–2,2, que, descrevendo a criação do mundo, põe o homem no ápice da obra criadora de Deus, com domínio sobre todas as coisas criadas. Este texto, apelando ao exemplo de Deus que cria o mundo em seis dias e repousa no sétimo, procura inculcar o dever de todo israelita santificar fielmente o sábado.

O tema do sacrifício de Abraão (Gn 22,1-18) é apresentado como segunda leitura em contexto pascal. Isaac é oferecido em sacrifício por seu pai Abraão, que o ama muito, em obediência a quanto exige Deus. No final, porém, é como que "ressuscitado" por ordem do anjo do Senhor. Dessa maneira, o sacrifício de Isaac torna-se tipo do sacrifício de Jesus Cristo: Deus Pai entrega o seu próprio Filho à morte, para depois ressuscitá-lo para nossa justificação.

A profecia de Isaías (Is 54,5-14) segue-se como quarta leitura. O povo exilado é apresentado na figura de uma esposa repudiada pelo esposo. Mas, na sua imensa bondade, Deus, seu esposo salvador, se compadece com misericórdia eterna e promete-lhe restituí-la no antigo esplendor, refazendo para ela a aliança. A justiça de Deus para com o povo eleito surge sempre como perdão e misericórdia. A quinta leitura é outro texto do profeta Isaías (Is 55,1-11). Trata-se de um convite feito por Deus a todo o povo para que volte confiante a seu amor. Para isso, porém, é necessário a busca do generoso perdão de Deus, que ele concede a todos aqueles que se arrependem de coração sincero.

Um trecho do livro do profeta Baruc (Br 3,9-15.32–4,4), com seu apelo à busca da sabedoria por parte de Israel, constitui a sexta leitura. Tal sabedoria, identificada aqui com a lei mosaica, assenta-se na revelação de Deus contida na Lei. Por sétima leitura, temos o texto de Ezequiel (Ez 36,16-17a.18-28). Aqui o ritual da purificação é ponto de partida para o anúncio de uma nova e definitiva purificação, realizada no meio do povo pelo próprio Deus. Tal purificação consiste na doação de um coração novo e de um espírito novo.

A leitura do Novo Testamento que segue, trecho da carta do apóstolo Paulo aos romanos (Rm 6,3-11), é responsável por uma de suas mais importantes cateequeses batismais. Apresenta o mistério de morte e vida de Cristo realizando-se na pessoa daquele que recebe o Batismo cristão. De fato, "pelo Batismo na sua morte, fomos sepultados com ele, para que, como Cristo ressuscitou dos mortos pela glória do Pai, assim também nós levemos uma vida nova". O velho homem foi crucificado com Cristo, para destruição do pecado. Vós, portanto, "considerai-vos mortos para o pecado e vivos para Deus em Jesus Cristo".

O Evangelho proposto na Vigília Pascal do Ano C é o texto de São Lucas. O evangelista não insiste sobre o sepulcro vazio, mas prefere sublinhar outros elementos como a mensagem revelada pelos dois homens que aparecem às mulheres (vv. 6-7) e a vinda de Pedro ao túmulo (v. 12). Os dois homens fazem o mesmo tipo de discurso que Cristo utiliza para convencer os apóstolos sobre a realidade de sua ressurreição, e que esses apóstolos também repetirão nas suas pregações. Isso significa que não se trata de uma composição própria dos apóstolos, mas da tradição da fé recebida e aceita, antes ainda de ser proclamada. Já a visita de Pedro ao túmulo vazio é uma prova negativa, embora necessária, da ressurreição. Só quando os discípulos aprenderem a não mais verem o Senhor com os olhos humanos é que se abrirá para eles a verdadeira fé na ressurreição.

Aprofundando a Palavra

A mensagem proposta pela celebração da Vigília Pascal, como já dissemos, é essencialmente rica, seja no conteúdo de fé que transmite, seja no significativo simbolismo de que se reveste. Desse modo, cada palavra proclamada na celebração, bem como cada gesto, oração, silêncio ou canto aí realizado, recebe a marca da ressurreição do Senhor e do novo tempo que a ressurreição abre para a Igreja de Deus.

Aqui nos concentraremos mais na primeira leitura desta noite. O início do livro do Gênesis já apresenta um significado rico e profundo para a vida do cristão. No contexto da criação, Deus aí diz: "Façamos o homem à nossa imagem e segundo a nossa semelhança" (Gn 1,26). Em seguida também diz: "E Deus criou o homem à sua imagem, à imagem de Deus ele o criou" (v. 27). "Deus os abençoou e lhes disse: 'Sede fecundos e multiplicai-vos, enchei a terra e submetei-a!'" (v. 28). Vemos, pois, que Deus fez o homem e a mulher à sua imagem e lhes confiou toda a criação, não antes de ter visto que "tudo era bom".

Mas essas passagens necessitam ser bem compreendidas. A ordem de ser fecundo, de encher a terra e de submetê-la não deve ser interpretada somente em sentido quantitativo, como se Deus nos mandasse apenas encher o mundo de pessoas. Aqui entra sobretudo o aspecto qualitativo. Nós nos tornamos verdadeiras imagens de Deus à medida que crescemos e nos desenvolvemos como pessoas humanas em todos os sentidos. Não fomos feitos para o "menos", mas para o "mais". Recusar-se a crescer em dignidade, em excelência, em conhecimento, em competência sob todos os sentidos, recusar-se a se aprimorar e a se aperfeiçoar, cultivando todos os aspectos concernentes à pessoa humana, deixar de usar as oportunidades a nós oferecidas pela vida, significa em poucas palavras desistir de ser plena imagem de Deus.

Deus deseja para nós sempre mais, e nunca menos. Toda pessoa é, portanto, convidada a uma alta e sublime vocação, não se podendo contentar com qualquer destino. Por isso, empregando todos os meios, devemos nos esforçar sempre por sermos cada vez melhores, em todos os níveis, humano, social, cultural, psíquico, afetivo, econômico, enfim, devemos almejar sempre os dons mais altos, exatamente para correspondermos à plena vocação de esplêndidas imagens do Senhor. Deus não nos chama a sermos imagem raquítica dele, mas plenas imagens, capazes de manifestar neste mundo o ser integral do Criador.

Por isso mesmo, em nome do próprio mandato do Senhor, devem ser rejeitadas todas as formas de escravidão e de dominação, de racismo e de exclusivismo, e todas as estruturas que impedem o homem de se desenvolver em plenitude. Qualquer tentativa de privilegiar apenas alguns em detrimento da maioria, mesmo que discreta ou velada, deve ser prontamente rechaçada pelo cristão. Toda teoria que atrapalhe a ascensão do homem em qualquer aspecto que seja, deve ser radicalmente rejeitada pelo discípulo, pois ela vai contra o próprio Deus. Ora, para que o homem e a mulher sejam verdadeiras imagens do Criador, conforme a maravilhosa proposta do Gênesis, precisamos nos esforçar para criarmos um mundo de oportunidades melhores para todos, um mundo mais justo, mais humano e muito mais fraterno, pois, vivendo assim, seremos imagens mais perfeitas de Deus Criador.

A ressurreição do Senhor abre para a humanidade uma nova era de libertação e de vida abundante. A nós é dada a oportunidade de lutarmos para que esta realidade se faça presente e atuante no mundo inteiro. Nosso compromisso com a vida deve se manifestar em cada comportamento que tomamos e nos vários momentos da existência. Deus, que já proclamou a recriação de todas as coisas com a ressurreição de seu amado Filho, nos convoca agora a levarmos aos mais variados lugares esta mensagem de vitória, de vida plena e de libertação.

Unindo Palavra e Liturgia

A primeira parte da Vigília Pascal consiste no lucernário, que é a celebração da luz. Cristo é a luz que a todos ilumina com a força de sua ressurreição. Iluminados por Cristo, também nós, seus discípulos, fulguramos de esplendor nesta noite de seu triunfo. A partir do fogo novo da fogueira que é abençoada no início da cerimônia, tomamos a chama que acenderá o círio pascal e as velas dos fiéis. O acender do círio e, em seguida, das demais velas, espalha no meio da assembleia a luz proveniente de um único ponto – Cristo Ressuscitado – que a todos contagia. Isso simboliza a nova vida que brota da ressurreição e que, através de nosso testemunho, vai se espalhando em todas as partes. O rito da luz nos enche de alegria e de fé, enquanto cria no meio da comunidade reunida a certeza de que somos peregrinos, mas não estamos sós, porque é o Senhor quem nos conduz através desta vida em direção ao céu.

Chegando à igreja, o diácono proclama solenemente a esplêndida mensagem pascal, atribuída a Santo Ambrósio, na qual são citadas as maravilhas realizadas por Deus que culminaram nesta noite abençoada:

o pecado de Adão, do qual Cristo nos redimiu; a passagem do mar Vermelho e a coluna de fogo, provas do amor de Deus para com o seu povo; o círio que a Igreja oferece pelas mãos dos ministros, sinal de nosso culto de amor.

Após o anúncio pascal, passamos à segunda parte da liturgia vigiliar, com a proclamação das leituras. Por meio destas, a Igreja anuncia, medita e reza as maravilhas feitas pelo Senhor a favor de seu povo eleito. Na Vigília Pascal, de fato, as grandes obras de Deus se realizam magnificamente em seu Cristo, morto e ressuscitado, e as diversas leituras dão conta desta realização. Todavia, o cume da liturgia da palavra se alcança na proclamação do Evangelho, quando a Igreja solenemente professa, com força e júbilo, a vitória da ressurreição.

Após a homilia, passa-se à liturgia batismal, terceira parte da cerimônia da Vigília Pascal. Com efeito, desde os primeiros tempos da Igreja, os sacramentos da Iniciação Cristã ligaram-se decisivamente à noite pascal. Nada mais natural, já que Paulo apresenta o Batismo como imersão na morte de Cristo, para com ele o iniciado ressurgir para a vida eterna. A liturgia batismal é composta da ladainha de todos os santos, oração de bênção da água batismal; celebração do Batismo, caso haja; renovação das promessas do Batismo e ablução da assembleia com a água abençoada.

A fonte batismal, túmulo do pecado e ventre materno de onde nasce a vida, conforme a chamavam os Santos Padres da Igreja, é para os que abraçam Cristo, lugar de morte e de ressurreição. Por isso mesmo, nas catequeses mistagógicas de São Cirilo de Jerusalém, a fonte é apelidada de sepulcro e mãe. A graça do Batismo, porém, não brota simplesmente da água como elemento material, mas é dada pelo Espírito Santo que a santifica. Por isso se pede que o poder do Espírito desça sobre a água, no sentido de que os "batizados nela, sepultados com Cristo na morte, com ele ressurjam para a vida imortal".

Em seguida, chega-se à liturgia eucarística, ápice de toda a vigília. O altar é preparado com as oferendas, que incluem também cada um de nós que, com o Cristo ressuscitado, nos oferecemos solenemente ao Pai. Compreende-se, pois, que esta cerimônia, celebrando na noite santa a ressurreição de Cristo e a plenitude dos sacramentos da iniciação, seja o ponto mais alto do inteiro culto da Igreja, do qual o cristão jamais deveria estar ausente. Tinha, portanto, plena razão Tertuliano, conforme vimos antes, ao temer que uma cristã fosse obrigada pelo possível marido pagão a não se fazer presente nesta celebração. Ela estaria perdendo não apenas uma cerimônia litúrgica, mas o cume de todas as celebrações da Igreja, que se concretiza na Vigília Pascal da noite santa.

Primeiro Domingo de Páscoa

Cristo ressuscitou verdadeiramente

Primeira leitura: At 10,34a.37-43 – "Ele andou por toda a parte, fazendo o bem e curando a todos."

Salmo responsorial: Sl 117(118),1-2.16ab-17.22-23 – "Este é o dia que o Senhor fez para nós: alegremo-nos e nele exultemos!"

Segunda leitura: Cl 3,1-4 – "Se ressuscitastes com Cristo, esforçai-vos por alcançar as coisas do alto."

Evangelho: Jo 20,1-9 – "Eles ainda não tinham compreendido a Escritura, segundo a qual ele devia ressuscitar dos mortos."

Introduzindo o tema

A ressurreição do Senhor significou para a humanidade e para todo o mundo uma profunda e completa recriação. Se a primeira criação foi maravilhosa, muito mais maravilhosa ainda se apresentou a segunda, na qual Deus, pela vitória do seu Filho Jesus, recompôs todas as coisas.

A celebração da Páscoa tem imenso significado para a vida de cada cristão e de toda a Igreja. A fé e a Igreja existem apenas porque Cristo ressuscitou (cf. 1Cor 15,14). Nesta perspectiva, a festa de Páscoa, que repercute ao longo dos cinquenta dias pascais, deve ser celebrada com imensa exultação, seja por causa do grande acontecimento da ressurreição que apoia a nossa fé, seja por fidelidade ao nosso Batismo, através do qual, mergulhados em Cristo, com Cristo também ressuscitamos.

A Páscoa é normalmente o tempo em que festejamos como Igreja o Batismo. Durante os cinquenta dias pascais todo cristão é convidado, de um lado, a recordar a recepção do seu Batismo, naquele santo e venturoso dia em que, mergulhado no Cristo, começou a fazer parte da comunidade cristã. De outro lado, ele é também convidado a tomar consciência da atualidade da graça batismal, que deve continuar viva e eficaz, agindo ininterruptamente em sua existência. Tudo isso porque, como dissemos antes, o Batismo não é um ponto isolado na vida do cristão ou apenas uma data passada que, com dificuldade, nós recordamos, mas é um processo que se atualiza sempre, devendo operar contínua e ativamente em favor do cristão e de toda a Igreja de Deus.

Portanto, a Páscoa é profundamente dinâmica, marcando a passagem de um modo de viver para outro: é saída do Egito, travessia do mar, caminhada pelo deserto e posse da terra prometida; é passagem de Cristo pela vida, paixão, morte na cruz e vitoriosa ressurreição; mas é também travessia do discipulado cristão que, mergulhado no Senhor, com ele ressuscita triunfante para uma nova vida. Em poucas palavras, a Páscoa é o "êxodo deste mundo ao Pai" (cf. Jo 13,1), realizado por Cristo, com Cristo e em Cristo, que nos faz povo novo de uma nova e definitiva aliança.

O solene canto do *Aleluia*, que neste período ressoa repetidamente, manifesta o júbilo da Igreja na certeza de que Cristo está vivo e permanece presente em nosso meio. De igual maneira, o círio, aceso na noite de Páscoa, é testemunha viva da presença do Ressuscitado aquecendo o nosso coração e iluminando a nossa fé ao longo dos cinquenta dias pascais.

Mas este período é marcado sobretudo pelas aparições do Senhor ressuscitado. Tais aparições se colocam na linha da fé e pretendem nos animar diante da certeza de que a morte foi vencida pela vida, as trevas deram lugar à luz e o pecado abriu caminho para a graça de Deus. Na vitória de Cristo se encontra a nossa vitória e sua ressurreição é fonte de vida para todo o seu fiel discipulado. Esta grande novidade pascal, que todo discípulo é especialmente convidado a viver e a testemunhar diante do mundo ao longo de sua existência, recebe na Páscoa imensa importância e ampla atualidade.

Comentando a Palavra

A característica maior do Domingo de Páscoa nos é dada pelo anúncio da ressurreição do Senhor. E este anúncio se encontra principalmente no texto evangélico, que neste dia é proclamado de modo jubiloso e solene pela Igreja. No Evangelho segundo João, as primeiras testemunhas da ressurreição de Cristo, Maria Madalena, Pedro e João, aparecem correndo.

Corre Maria Madalena, logo que percebe que a pedra tinha sido misteriosamente retirada do túmulo. Sempre correndo, ela se desloca até Simão Pedro e João para contar-lhes que o Senhor não se encontrava mais no sepulcro. A esse momento também Pedro e João correm em direção ao sepulcro para constatarem o que Maria Madalena havia visto. João, naturalmente por ser mais jovem, corre mais depressa que Pedro, e chega primeiro ao túmulo; vê os indícios da ressurreição, isto é, as faixas de linho no chão, mas não entra. Certamente por respeito, espera a chegada de apóstolo Pedro. Quando Pedro chega, entra no túmulo e constata as faixas de linho deitadas por terra e o pano que havia estado sobre a cabeça de Jesus enrolado à parte. João vê e acredita. Eles não haviam ainda percebido o que a Escritura já havia anunciado, isto é, que o Senhor deveria ressuscitar dos mortos.

Encontramos aqui todo um itinerário de fé que se vai processando por etapas. Primeiro se manifestam o carinho e o amor que animam o coração de Maria Madalena em relação ao Mestre Jesus: no primeiro dia da semana, de madrugada, quando ainda estava escuro, ela sai à procura do seu Senhor. Esperando encontrar um morto, e não um vivo, diante do túmulo vazio ela se espanta e corre. Em seguida, querendo explicar como João e Pedro chegaram à fé no Ressuscitado, o texto ressalta a incredulidade dos discípulos até aquele momento. Mas diante dos novos fatos, não deixa de dar um lugar proeminente à pessoa de Pedro. Na tradição primitiva ele ocupa lugar privilegiado.

A fé de Pedro no que se refere à ressurreição do Senhor vai se revelar de forma aberta e contagiante no texto dos Atos dos Apóstolos, que aparece como primeira leitura deste dia. Ungido por Deus com o Espírito Santo e com poder, Jesus passa pela terra fazendo o bem, pois Deus estava com ele. Talvez tenhamos aqui uma das mais importantes definições de Jesus: desde o início de sua atividade, desde a Galileia e desde o Batismo de João até o fim, ele é o que "passa fazendo o bem". Toda a sua vida se define na realização deste bem, o qual se concretiza no cuidado e no serviço devotado às pessoas, nos sinais, nos milagres e nas curas feitas no meio do povo, na promoção da vida dos pobres e dos injustiçados, enfim, na proclamação da vitória de Deus sobre o mal. Por tudo isso, Jesus recebe o testemunho de todos os profetas. Quem nele crê obtém a justificação de Deus e o perdão dos pecados.

Neste quadro de contentamento pela ressurreição, o salmo responsorial da missa nos convida a expressarmos a nossa alegria e exultação, pois este é o dia que o Senhor fez para nós. O convite do Salmo 117, no sentido de darmos graças ao Senhor, porque ele é bom, e de reconhecermos tudo aquilo que ele fez por nós, é confirmado pela leitura seguinte, trecho da carta de Paulo aos colossenses: quem ressuscitou com Cristo, deve procurar alcançar apenas as coisas do alto, onde se encontra Cristo. Nossa vida deve ser marcada pelo desejo das coisas celestes, pois a vitória de Cristo processou em nós uma completa mutação: morremos em Cristo na expectativa do triunfo de sua glória.

Neste dia, uma segunda leitura diferente, tirada do trecho da Primeira Carta de Paulo aos Coríntios (1Cor 5,6b-8), pode ser feita no lugar da anterior. Aí a vida cristã é declarada incompatível com a corrupção moral. Fazendo uma relação com a festa israelita dos ázimos, Paulo convida a lançar fora o fermento velho e a se transformar em massa nova, pois Cristo, nosso cordeiro pascal, já foi imolado. Devemos, pois, abandonar o fermento da maldade para celebrarmos a festa com pães ázimos de pureza e de verdade.

Aprofundando a Palavra

A Palavra de Deus, anunciada durante o tempo pascal e, especialmente, na celebração do primeiro Domingo de Páscoa, quer nos impulsionar a contemplar a ressurreição de Jesus Cristo como realidade segura, que nos estimule a uma verdadeira e sincera profissão de fé e a uma vida que corresponda verdadeiramente ao que acreditamos.

O texto do Evangelho proclamado na celebração eucarística deste dia, em que João faz uma minuciosa descrição tanto das impressões das pessoas que vão ao túmulo como dos diversos elementos aí encontrados, tem a finalidade de excluir qualquer teoria que indique a possibilidade de roubo do cadáver de Jesus. Para a comunidade primitiva, o túmulo vazio é argumento suficiente para provar a ressurreição, sem necessidade de outras provas. Por isso mesmo, o outro discípulo que havia chegado primeiro, ao entrar depois de Pedro no túmulo, imediatamente viu e acreditou (v. 8). A primeira comunidade dos discípulos declara assim sua fé na ressurreição de Cristo e tem plena confiança de que seu Senhor está vivo e vivifica.

Observamos aqui como o testemunho de Pedro é de fundamental importância para a fé pascal da primitiva Igreja. Sua opinião é ouvida com respeito e seu testemunho é aceito como verdade segura. Além do mais, após ter jurado amar o Senhor de todo o coração, a ele coube a distinção e o privilégio de apascentar o seu rebanho. Por isso, dele se espera uma fé autêntica e clara, capaz de levar também outros a acreditar, pois ele representa a solene profissão de fé de toda a Igreja.

Por outro lado, o testemunho de João evangelista, o discípulo que o Senhor ama de modo especial e que gozou da intimidade do Mestre, também é importante. Afinal, como sabemos, "conhecer Jesus" é o tema principal do Evangelho de João. E aqui se unem o "ver", o "conhecer" e o "crer". Quem vivia ao lado de Jesus em profunda amizade e quem permaneceu de pé junto à sua cruz, no momento de sua suprema dor, pode muito bem reconhecer no túmulo vazio as marcas de sua ressurreição, unindo-se de modo integrativo ao testemunho de Pedro.

Também a Maria Madalena cabe confirmar a realidade da ressurreição. Perdoada por Jesus nos seus inúmeros pecados, ela soube devotar-lhe aquela espécie de amor que só os grandes pecadores são capazes de fazê-lo. Por isso, após a volta dos discípulos, ela permanece ao lado do túmulo, chorando. Sua dor certamente não será menor que aquela demonstrada quando permanecia aos pés da cruz de Jesus. Por isso, como recompensa, poderá ouvir agora o Ressuscitado e reconhecê-lo logo que ele pronunciar o seu nome: "Maria". Maria Madalena é a figura da Igreja perdoada, que, amando sem limites o Salvador, tem o privilégio de tê-lo constantemente a seu lado e de reconhecê-lo, tão logo ele a chame pelo nome.

Unindo Palavra e liturgia

Nos primeiros tempos, a Igreja celebrava a cada domingo a realidade da Ressurreição do Senhor, sendo esta a sua única festividade. Desse modo, todo domingo era festa de Páscoa ou Páscoa semanal. Pelo que parece, isso continuou assim por algum tempo. Pouco tempo depois, e sem abandonar a Páscoa semanal, a Igreja passou a celebrar ainda o mistério pascal do Senhor num dia preciso do ano, o que resultou na comemoração da Páscoa anual. A ideia de ter também uma festa anual para a Páscoa talvez seja proveniente do costume dos judeus que, num determinado dia do ano, festejavam com solenidade a sua Páscoa.

Foi a partir desta única festa de Páscoa anual que vão surgir todas as demais festividades do ano litúrgico cristão. Querendo explicitar os dados concernentes à paixão, à morte e à ressurreição do Salvador, a Igreja cria, junto ao dia pascal, um tríduo, destinado a comemorar aqueles três elementos próprios ao mistério do Senhor. A seguir se destinará toda uma semana a tal celebração, a qual, iniciando no Domingo de Ramos, se concluirá no Domingo da Páscoa. E esta receberá o nome de Semana Santa. A semana que se seguirá ao Domingo de Páscoa formará a Oitava de Páscoa, ou seja, oito dias destinados às grandes festividades pascais. A oitava da festa é também uma instituição que os cristãos tomarão do mundo judaico.

Na semana que se seguia à Páscoa, a Igreja realizava a famosa "catequese mistagógica", que eram exortações dirigidas pelo bispo aos que foram batizados, mas também aos demais cristãos que assim o desejassem, com ensinamentos úteis para a vida dos fiéis. Necessitando-se ainda de cinquenta dias de festas para celebrar o santo Batismo, recebido normalmente na noite da Vigília Pascal, eis que surgirá, por fim, o chamado tempo pascal, localizado entre o Domingo de Páscoa e o Domingo de Pentecostes.

No tempo pascal, as maiores características litúrgicas estarão por conta do canto do *Glória*, que sobe jubiloso aos céus, e da característica aclamação ao Evangelho, o *Aleluia*, que retorna a ser executado nas igrejas com grande entusiasmo.

Podemos ter uma ideia da alegria do tempo pascal analisando certos textos que fazem parte do complexo oracional da missa deste Domingo. A oração coleta diz que, pela vitória de Cristo, Deus abriu hoje as portas da eternidade; e pede que ressuscitemos na luz da vida nova. Antes do Evangelho, a assembleia canta uma característica peça, a "Sequência" de Páscoa. Trata-se de um antigo poema em que se elencam os grandes temas que integram a vitória de Cristo e da Igreja por ocasião da Páscoa do Redentor. Na oração sobre os dons se oferece a Deus o sacrifício pelo qual a Igreja renasce e se alimenta de modo maravilhoso. No primeiro prefácio da Páscoa, Cristo é confessado como o Cordeiro que tira o pecado do mundo, o qual, morrendo, destruiu a morte e, ressurgindo, deu-nos vida. Por fim, a oração após a comunhão pede que Deus proteja e guie a sua Igreja, e que ela, renovada pelos sacramentos pascais, possa chegar à luz da ressurreição.

Algumas sugestões para as celebrações no tempo pascal

O tempo pascal abre-se diante de nós esperançoso, cheio de luzes e de cores. Sendo um período repleto de exultação e confiança no Ressuscitado, a Páscoa comporta uma série de elementos capazes de dar à liturgia regozijo, exultação e dinamicidade. A seguir sugerimos alguns símbolos e ritos que podem ajudar a comunidade a celebrar com maior intensidade este importante tempo litúrgico.

A partir da noite da solene Vigília Pascal e durante todo o tempo de Páscoa, o círio se faz presente em nossas igrejas como símbolo de Cristo vivo e ressuscitado, que ilumina a nossa vida e a nossa caminhada cristã. Como ele é aceso no início de cada celebração eucarística, durante a qual permanece iluminando os corações dos fiéis, é importante que o momento de seu acendimento seja também cercado de sentido para toda a comunidade. Desse modo, pode ser solenemente aceso e incensado ainda no início da missa, acompanhado de um mantra ou outro canto que evoque o sentido do que se está realizando. Pode-se acrescentar também um curto gesto quando se apaga o círio. Neste caso, o mesmo mantra ou outro poderia ajudar a comunidade a refletir no fato de que, apesar do círio dever concretamente se apagar, Cristo continua vivo e aceso no coração de cada um dos seus fiéis. Leve-se em conta ainda o tipo de círio a ser concretamente usado, para que seja de fato belo, sugestivo e possa contribuir para a nobreza do ato litúrgico e tocar a sensibilidade dos fiéis.

Os cantos litúrgicos e os instrumentos musicais que durante a Quaresma haviam guardado simplicidade e singeleza, no tempo de Páscoa ressoam alegres e triunfantes, porque Cristo ressuscitou e está vivo entre nós. Assim, não só as melodias se apresentarão de forma mais alegre, como os instrumentos as executarão de maneira mais festiva e vibrante. Naturalmente isso não quer dizer que os mesmos escaparão ao controle indicado pela arte e pelo bom gosto. Eles apenas devem expressar a alegria pascal de maneira mais intensa e se porem de acordo com o momento litúrgico que a comunidade celebra.

O *Aleluia*, termo de origem hebraica, formado pela junção de *Hallelu* (que significa louvar) e *Yah* (que significa Deus), é a expressão típica do tempo de Páscoa. Ele proclama nosso amor, nossa adoração e grande louvor ao Senhor Deus por ter ressuscitado o seu Filho Jesus, razão de nossa esperança e de nossa vitória. O canto do *Aleluia* deve subir solene aos céus neste tempo pascal, revelando nosso contentamento íntimo pela ressurreição de Cristo Jesus. Nele também nós ressuscitamos para uma vida nova e comprometida neste mundo. São muitas as melodias empregadas para exprimir o regozijo pascal e o uso frequente do *Aleluia* manifesta o louvor que atravessa o coração da comunidade eclesial.

O tempo pascal é, por definição, tempo de animada celebração do sacramento do Batismo, o que se concretiza sobretudo na vigília da noite santa, dia escolhido pela comunidade antiga para a realização de tão importante sacramento. Para recordá-lo a Igreja usa bastante, neste período festivo, da água abençoada, sinal batismal visível e concreto. Durante os cinquenta dias de Páscoa, a ablução da comunidade com a água abençoada na vigília santa ajuda muito a refletir sobre o gesto do Batismo recebido num dia feliz de nossa vida. Sobretudo porque tal sacramento não é "pontual", por não se esgotar no dia preciso em que o recebemos, mas é um "processo" que espera ser concretizado a cada dia de nossas vidas de cristãos, por meio do comprometimento com o Senhor e com todos os irmãos. O Batismo se desvela e se revela na vida diária, e isso pode ser bem ilustrado com a utilização frequente da água nas missas do tempo pascal. Seu uso é aconselhado no início da missa, como substituição ao ato penitencial, momento em que o padre pode aspergir a comunidade e, também, em que esta pode ser convidada a vir em procissão e realizar o gesto de mergulhar a mão na água. Para tal, precisa-se preparar uma quantidade de bacias com água proporcional ao tamanho do grupo celebrante, para que o gesto não seja muito demorado, o que poderia comprometer o horário da missa e cansar demasiadamente os irmãos.

A grande festa de Páscoa pode ser marcada no coração dos nossos irmãos também por meio de uma adequada ornamentação do ambiente de celebração. Para isso, pode-se providenciar para as igrejas jarros com flores, arranjos floridos e outros tipos de ornamentação condizentes com o espaço de celebração. A ornamentação do espaço celebrativo pode receber ainda a beleza dos tapetes, dos panos coloridos e de tantos outros objetos capazes de expressar a alegria pascal da comunidade cristã.

Segundo Domingo de Páscoa

O Ressuscitado se manifesta na assembleia dominical

Primeira leitura: At 5,12-16 – "Crescia sempre mais o número dos que aderiam ao Senhor pela fé; era uma multidão de homens e mulheres."

Salmo responsorial: Sl 117(118),2-4.22-24.25-27 – "Dai graças ao Senhor, porque ele é bom! Eterna é a sua misericórdia!"

Segunda leitura: Ap 1,9-11a.12-13.17-18 – "Estive morto, mas agora estou vivo para sempre."

Evangelho: Jo 20,19-31 – "Acreditaste, porque me viste? Bem-aventurados os que creram sem terem visto!"

Introduzindo o tema

A liturgia deste segundo Domingo de Páscoa nos convida a uma apropriada reflexão sobre nossos periódicos encontros com o Ressuscitado, quando ele mesmo nos oferece sua palavra viva e seu corpo e sangue, alimentos salutares que fortalecem nossa difícil caminhada no mundo. É sempre o Senhor quem toma a iniciativa de nos animar com a mensagem de esperança e amor e quem continuamente põe à nossa disposição as condições necessárias para que, unidos aos irmãos na fé e na esperança, celebremos já a salvação definitiva, pregustando a partir da terra as coisas próprias do céu.

O texto do Evangelho proposto hoje é a conhecida aparição de Jesus no meio da comunidade reunida, em princípio, sem a presença do apóstolo Tomé e, uma semana depois, contando com a presença de tal apóstolo. A própria afirmação de que uma semana antes Tomé não se encontrava no meio do grupo, enquanto uma semana depois, aí estava ele, indica o caráter semanal dos encontros da Igreja antiga, bem como o seu dia de reunião cultual, que caía sempre no Domingo, dia da ressurreição e das aparições do Mestre.

Como já vimos antes, para a Igreja o Domingo é reservado à memória do Senhor: semanalmente, em cada Domingo, ela comemora a ressurreição (cf. SC, n. 102). Isso acontece exatamente porque no dia que segue o sábado ou primeiro da semana, conforme a numeração judaica, Cristo ressuscitou e apareceu aos discípulos. A tradição da Igreja vai buscar fundamento para a santificação deste dia, não em razões aleatórias, mas nos próprios relatos evangélicos.

Na Igreja primitiva, cada Domingo celebrava todo o mistério pascal do Senhor Jesus: sua bem-aventurada paixão, sua ressurreição dos mortos e a gloriosa ascensão ao céu, bem como o envio do Espírito Santo sobre os apóstolos. Por isso, todo Domingo era festa de Páscoa: a Páscoa semanal. Só um pouco mais tarde começou-se a comemorar também a Páscoa num dia específico do ano: a Páscoa anual.

O Domingo, além de dia da ressurreição, celebra a contínua presença do Senhor em meio à assembleia dos seus eleitos. Toda a tradição da Igreja antiga confirma a convocação dos cristãos para o culto dominical, convidando-os a deixar tudo neste dia para atender tão somente à celebração do mistério de Cristo. Ora, sendo o Domingo dia do Senhor e dia de culto, é também dia de alegria. Por isso, a *Didascália dos Apóstolos*, documento cristão do século III, recomenda: "No Domingo estejam sempre alegres, porque aquele que se entristece no dia de Domingo comete pecado". Unida à alegria dominical, associa-se ainda a realização da caridade fraterna, importante em todos os dias para o cristão, mas importantíssima no Domingo. Mas aí entra também o aspecto do repouso semanal, elemento que se conecta à felicidade celeste, quando repousaremos no Senhor para sempre.

Unidos a Jean Daniélou, podemos sintetizar o Domingo com as seguintes palavras: dia cósmico da criação, bíblico da circuncisão, evangélico da ressurreição, eclesial da Eucaristia e, finalmente, escatológico da vida futura.[1]

Comentando a Palavra

Diversos temas vão surgir nesta passagem do Evangelho da autoria de São João, todos úteis para uma sadia reflexão sobre a Páscoa. De um lado, temos as aparições do Mestre, manifestando-se aos discípulos reunidos em comunidade. Mas serão exatamente essas aparições aqui

---

[1] Citado por BERGAMINI, A. **Cristo, festa da Igreja.** São Paulo: Paulinas, 1994, p. 122.

reveladas que vão pôr a comunidade primitiva em seu semanal ritmo litúrgico-cultual. O envio do discipulado e a comunicação do Espírito Santo, unido ao dom de perdoar ou não perdoar os pecados, constituem um ponto importante do texto. Por fim, os discípulos aprenderão com Tomé a tão necessária descoberta do despojamento da fé. Reflitamos brevemente sobre esses argumentos.

Seguindo o roteiro oferecido por João no quarto Evangelho, vemos que Jesus, após a ressurreição, não continua como as demais pessoas, pois atravessa as paredes; mas também não é um espírito, porque os discípulos podem ver o Senhor e tocar suas mãos e seu lado. Trata-se, pois, de um modo próprio e totalmente diferente de existência corporal recebido da ressurreição.

As aparições narradas no texto, e separadas por oito dias de distância, indicam aqui a periódica reunião litúrgica da assembleia dos fiéis, que já se encontra semanalmente para fazer memória do Ressuscitado. Este periódico encontro em torno da Palavra e do pão repartido dará à comunidade cristã de todos os tempos, solidificada no Espírito, as necessárias forças para perpetuar a lembrança de Jesus e de seus feitos maravilhosos, até que ele volte no final dos tempos.

De outra parte, após a saudação costumeira do Ressuscitado, desejando a paz aos seus, é significativa a preocupação de Jesus em enviar logo os discípulos: "Como o Pai me enviou, também eu vos envio" (v. 21c). Caberá agora ao seu discipulado continuar no mundo a ação que antes tocava a ele: são enviados a realizar a mesma missão, dando testemunho de tudo o que ele disse e fez. Por isso mesmo, recebem como auxílio a força do Espírito Santo.

João antecipa, assim, o Pentecostes cristão, na medida em que põe o envio do Espírito já no momento das aparições. De fato, o mandato dado agora aos seus de continuarem no mundo a ação de Jesus, exige uma força complementar que os auxilie nas relevantes tarefas pastorais que lhes esperam. Insuflando o Espírito sobre os discípulos, Jesus reproduz o mesmo gesto criador do Gênesis, quando o Senhor Deus sopra sobre Adão, dando-lhe vida (Gn 2,7). Caberá agora a Cristo, segundo Adão, a tarefa de insuflar sobre o discipulado, comunicando a todos a força vital em vista da continuação da obra recriadora do mundo.

A transmissão do poder de perdoar os pecados, conferida pelo Senhor aos apóstolos, excede até mesmo a simples instituição do sacramento da Penitência, pois na teologia de João se une ao inteiro triunfo de Jesus sobre o pecado e o mal. Este triunfo é comunicado inteiramente à Igreja. A missão do Mestre ressuscitado e vitorioso, através da ação de sua Igreja, atinge toda a humanidade, a partir daqueles que, em comunidade, se dispõem a segui-lo e a viver os seus mandamentos através dos séculos.

Tomé, enfim, é convidado a passar da visão à fé. A exortação de Jesus dirigida ao apóstolo busca mostrar que não existe relação entre a vida de Cristo anterior à Páscoa e sua existência pós-pascal. Por isso mesmo, Tomé deve obrigatoriamente fazer a necessária passagem da prova corporal à experiência da fé, do teste carnal à visão mistérica, que prolonga no mundo a presença e a atuação do Ressuscitado.

Aprofundando a Palavra

Jesus é o homem novo, animado pela força do Espírito e enviado a purificar e a santificar a humanidade. Sua existência no meio de nós significou a vitória definitiva sobre o pecado e sobre todo tipo de mal. Ele é o verdadeiro Cordeiro que tira o pecado, remove a maldade e promove a vida de todos, especialmente dos injustiçados, dos abandonados, dos desolados e dos vitimados pela miséria humana. Fazendo-se homem, dá-nos a conhecer a amorosa pessoa do Pai; na sua encarnação, revela a intensa bondade de Deus para com a humanidade. Voltando, enfim, ao Pai, nos concede o Espírito Santo, exortando-nos a continuar no mundo esta mesma obra salvadora. Por isso mesmo, o dom do Espírito aos discípulos se constitui no ponto mais alto e mais significativo de toda a passagem evangélica que estamos refletindo.

Sendo João o evangelista do conhecimento (Jo 21,4), compreende-se bem como este tema ganha aqui tanta relevância. O novo modo de vida do Senhor ressuscitado não tem paralelo com a sua existência humana pré-pascal. E isso nos faz compreender a lição que no trecho de hoje é dada a Tomé. Este é convidado a reconhecer o Senhor não mais fisicamente e através dos únicos meios humanos, vendo a marca dos pregos em suas mãos e pondo a mão no seu lado, mas nos sacramentos da Igreja e na vida concreta da comunidade cristã. Toda experiência física e histórica do passado humano de Jesus deve ceder lugar a outro tipo de conhecimento, não menos real que o anterior, e que se situa inteiramente no nível do mistério. Trata-se aqui de experiências similares, mas que comprometem da mesma forma a vida do que crê.

A presença mistérica de Jesus Cristo na sua Igreja é tão fundamental, a ponto de não poder existir Igreja se Cristo não tivesse ressuscitado, como nos recorda o apóstolo Paulo. Vã seria nossa fé, nula seria nossa esperança, irrelevante nossa caridade e completamente improdutiva a vida comunitária. É a atuação do Ressuscitado quem permite a existência da Igreja e de seus sacramentos, os quais prolongam no mundo o serviço de Cristo. Tinha, pois, razão o Papa Leão Magno, quando dizia que, depois da ascensão: "Tudo aquilo que havia de visível em nosso Senhor Jesus Cristo passou aos sinais sacramentais da Igreja".[2]

---

[2] LEÃO MAGNO, **Discurso sobre a Ascensão** 2. PL 54,398.

Por outro lado, João descreve a presente aparição de Jesus aos seus, enquanto associa o dom do Espírito Santo e da fé à revelação do lado transpassado de Cristo (v. 20). Referindo-se a Jesus dependurado sobre a cruz com o lado aberto pelo soldado (cf. Jo 19,34-37), João diz que a fé pode se apoderar de todo aquele que contempla essa cena. De fato, todo homem que admira o sacrifício de Cristo na cruz, recebe, pela ação do seu Espírito, o dom da fé. Aqui, o lado aberto torna-se fonte perene de vida e salvação. E essa ação leva a pessoa humana a acreditar firmemente naquele que foi ferido por nossos pecados e em vista de nossa salvação.

Unindo Palavra e liturgia

As aparições de Jesus aos discípulos são aqui apresentadas em perspectiva claramente litúrgica. Os discípulos encontram-se reunidos ao anoitecer do Domingo, dia da ressurreição, no momento em que o Senhor se põe no meio deles, enquanto que a próxima manifestação do Ressuscitado se dá na comunidade oito dias depois, portanto, também no Domingo. Como vimos, isso já indica, desde a origem da Igreja, o caráter dominical da reunião da assembleia dos cristãos. A celebração cultual da assembleia define, pois, a própria Igreja de Cristo.

Reunir-se como irmãos para ouvir a Palavra do Senhor e celebrá-la em confronto com a própria vida, comungar do corpo e do sangue de Jesus que são oferecidos como alimento de vida eterna, são experiências cristãs que acontecem sempre em comunidade. A vida do homem de fé é assim marcada pela proximidade do Deus da vida, que se faz bem íntimo das pessoas, em especial, quando estas se reúnem, em assembleia, para a celebração.

A assembleia litúrgica é de tal forma fundamental à vida da Igreja, que não se pode falar em verdadeira identidade cristã sem um claro referimento ao momento celebrativo. Reunir-se em comunidade para o culto é a maneira mais natural da Igreja corresponder à sua vocação de povo escolhido e congregado para o louvor do Senhor e forma mais autêntica de tornar visível perante o mundo a sua missão. A assembleia torna presente a Igreja em ato, mostra aos fiéis de maneira clara e em profundidade a essência da comunidade eclesial. Sendo verdade que a Igreja em sua origem se forma propriamente como uma comunidade de culto, a assembleia celebrante, além de ser básica à Igreja, é a sua realidade litúrgica primordial.

A assembleia manifesta toda a Igreja e a Igreja toda. Segundo uma tradição que encontra apoio no Novo Testamento, Igreja e assembleia se identificam, e, na reunião eucarística da comunidade local dos discípulos, se pode individualizar a realidade da Igreja de Deus.

Hoje, como ontem, a assembleia é convocada pelo Senhor e por sua Palavra. Nas grandes assembleias do Antigo Testamento, era sempre Deus, por meio de sua Palavra, e através de um intermediário, quem tomava a iniciativa da convocação do povo. Assim, pois, é que se nos apresenta a primordial e importante assembleia do Sinai, que constitui propriamente o antigo povo de Deus por efeito da Páscoa (Ex 19; 24), convocada por Javé através de seu servo Moisés. Da mesma forma, temos a assembleia de Siquém (Js 24), convocada em nome de Deus por Josué. E podemos falar ainda da assembleia de Esdras (Ne 8; 9), convocada por Deus através do sacerdote-escriba Esdras. E isso para falarmos somente das mais significativas assembleias de Israel, embora muitas outras sejam também importantes. No tempo novo da nova aliança, é ainda o Verbo de Deus, Jesus Cristo, o autor da convocação da assembleia, o sujeito de toda proclamação que se realiza na celebração e o conteúdo do sacrifício oferecido ao Pai pelos homens.

O Espírito Santo do Senhor é o autor mesmo da convocação. A Igreja é convocada para a ação cultual celebrativa. E nesta reunião, o próprio Deus anuncia e proclama a sua Palavra, gerando o novo povo e cumprindo as promessas antigas.

A assembleia litúrgica pode ser compreendida como a vitória da convocação-comunhão de Deus sobre a dispersão-separação do pecado. Sem negar o importante papel que ocupa a vontade dos participantes na reunião da assembleia, esta, antes de qualquer coisa, é misteriosa ação de gratuidade das pessoas divinas na vida da comunidade cristã. Como já afirmara São Jerônimo, "o mistério da Trindade é a tríplice fonte da Igreja" (CCL nn. 78, 543).

As orações próprias da liturgia da assembleia, neste segundo Domingo de Páscoa, podem nos oferecer uma precisa ideia do que realmente aí celebramos. A oração coleta, de rara beleza estrutural, diz que Deus, por ocasião das festas pascais, reacende a fé de seu povo. E pede maior compreensão a respeito do Batismo que nos lavou, do espírito que nos vivificou e do sangue que nos redimiu. Nas oferendas se implora que Deus receba as ofertas do seu povo e dos que, pelo Batismo, renasceram na Páscoa, para que a profissão de fé e o Batismo nos conduzam à eterna felicidade. A oração após a comunhão deste dia é muito sucinta. Apenas intercede a Deus no sentido de conservar na vida o sacramento pascal recebido.

Terceiro Domingo de Páscoa

Jesus aparece aos discípulos à beira do lago

Primeira leitura: At 5,27b-32.40b-41 – "Os apóstolos saíram do Conselho, muito contentes, por terem sido considerados dignos de injúrias, por causa do nome de Jesus."

Salmo responsorial: Sl 29(30),2.4.5-6.11.12a.13b – "Eu vos exalto, ó Senhor, porque vós me livrastes."

Segunda leitura: Ap 5,11-14 – "O Cordeiro imolado é digno de receber o poder, a riqueza, a sabedoria e a força, a honra, a glória e o louvor".

Evangelho: Jo 21,1-19 – "Lançai a rede à direita da barca, e achareis".

Introduzindo o tema

Nosso encontro com o Senhor da vida prossegue neste terceiro Domingo de Páscoa, quando nos são apresentados pela liturgia textos de grande importância para a nossa reflexão e vivência. Mas é no Evangelho que encontramos a máxima inspiração, capaz de justificar a nossa fé, aumentar nossa esperança e fundamentar nosso desejo de maior vivência do amor de Deus.

Com os discípulos, somos levados a fazer uma concreta experiência do Ressuscitado, aprendendo por meio de seu ensinamento vivo e comendo e bebendo em sua companhia. Ele aquece o nosso coração e clareia a nossa existência, dando sentido pleno ao nosso viver. Por isso mesmo, o cristão é a pessoa amada pelo Senhor com especial amor, iluminada pela sua presença viva, fortificada com sua mensagem salvífica, alimentada com o seu corpo e com o seu sangue e, sobretudo, enviada ao mundo como testemunha fiel para proclamar as suas grandes maravilhas.

Neste Domingo, de uma maneira toda particular, somos animados pelo corajoso e destemido depoimento de Pedro e dos outros apóstolos diante do Sinédrio judaico, conforme nos descreve o livro dos Atos dos Apóstolos. Ali, diante de todos, eles testemunham com fervor: "O Deus de nossos pais ressuscitou Jesus, a quem vós matastes, pregando-o numa cruz. Deus, por seu poder, o exaltou, tornando-o Guia Supremo e Salvador" (v. 30). Por causa disso, são proibidos de falar em nome de Jesus. Todavia, inspirados pelo espírito do Ressuscitado, não param de proclamar as maravilhas que Deus operou em Jesus Cristo e a favor do povo.

Comentando a Palavra

O trecho do Evangelho de São João que a liturgia propõe, de beleza ímpar, narra a aparição do Ressuscitado a um grupo de discípulos à beira do mar de Tiberíades. O evangelista nos faz saber que "foi a terceira vez que Jesus, ressuscitado dos mortos, apareceu aos discípulos" (v. 14). E, como nas demais aparições, especialmente aquelas derivadas da pena de João, também aqui o relato termina com uma transmissão de poderes, para assim deixar claro que qualquer estrutura hierárquica ou administrativa da Igreja só pode brotar da ressurreição do Senhor. Cabe, pois, a cada um de nós compartilhar o esplendor da glória de Deus e contribuir para a difusão de seu senhorio em todo o universo.

Segundo os estudiosos da Bíblia, o trecho da leitura de hoje constitui um epílogo que foi posteriormente acrescentado ao quarto Evangelho por um mesmo redator de onde o Evangelho segundo João se originou. Isso se deduz também do fato de a tradição joanina não conhecer aparições fora de Jerusalém, enquanto que aqui ele simplesmente aparece na Galileia, sem que nenhuma introdução ou explicação venha justificar que os discípulos estivessem aí.

O trecho de hoje pode ser dividido em duas partes: a primeira (Jo 21,1-14) corresponde à narração das aparições, e a segunda, relatando a tríplice confissão de Pedro (Jo 21,15-19). Numa descrição plena de emoções, alguns discípulos saem para pescar, liderados por Simão Pedro. Malgrado terem trabalhado a noite inteira, nada conseguem. Certamente o cansaço e a frustração tomam conta de todos. Quando amanhece, porém, aquele mesmo Senhor que jamais abandona os seus, aproxima-se do grupo sem ser reconhecido e ordena lançarem a rede à direita, resultando numa abundante pesca. Diante disso, o discípulo que Jesus amava imediatamente o reconhece. Jesus come com os discípulos, interroga a Pedro e, por fim, lhe confere o primado.

A pesca milagrosa, como em Lucas 5,10, guarda aqui o mesmo simbolismo: quer manifestar o sucesso e a expansão da missão dos apóstolos. E mesmo a variedade e multiplicidade dos convertidos, simbolizados na grande quantidade de peixes que apanham, não conseguem romper a rede, ou seja, a unidade da comunidade dos salvos. Também um certo simbolismo eucarístico pode se encontrar no relato da refeição com o Ressuscitado, manifestado nos versículos 12-13 do nosso texto.

A partir do versículo 15, porém, se delineiam a tríplice confissão de Pedro, certamente relacionada com a tríplice negação que este apóstolo havia oferecido quando da prisão do Senhor. Contudo, renovando agora o seu amor de modo incondicional ao Mestre, Pedro é reabilitado no encargo de chefe da comunidade.

Uma prova inicial do amor de Pedro diante da Igreja, encontramos no texto dos Atos dos Apóstolos, lido hoje como primeira leitura da missa. Diante do Sinédrio, juntamente com outros, Pedro responde com coragem e altivez, professando a fé que anima a inteira comunidade das testemunhas de Jesus. O ponto alto desta profissão pode ser observado no final da passagem, quando se declara: "Os apóstolos saíram do Conselho, muito contentes, por terem sido considerados dignos de injúrias, por causa do nome de Jesus" (v. 41).

Já a segunda leitura, do livro do Apocalipse de São João, apresenta em cores vivas a liturgia celeste, na qual o Cordeiro, imolado por nossos pecados, mas vencedor pela força de Deus, recebe com dignidade, poder, riqueza, sabedoria, força, honra, glória e louvor.

Aprofundando a Palavra

São profundas as ligações que intercorrem entre o Cordeiro e o rebanho, entre Cristo e sua Igreja. E o Evangelho de hoje dá provas disso na medida em que mostra o imenso cuidado de Jesus com a escolha daquele que, em seu lugar, se colocaria à frente de suas ovelhas e na condução das mesmas.

A Simão Pedro, que havia negado o Mestre por três vezes (Jo 18, 17-27), Jesus exige, também por três vezes, a sua profissão de amor. Nada mais justo, já que Pedro havia prometido a Jesus uma fidelidade superior à de todos os outros apóstolos (Mt 26,33). É justamente a esta maior fidelidade que o Mestre agora o convida. As ovelhas só podem ser confiadas àquele que ama o Senhor com o maior amor possível. Contudo, o amor de Pedro deverá ser ainda provado na prática, no exercício de seu ministério e na maneira concreta como conduzirá o rebanho.

Isso nos mostra que toda autoridade dentro da Igreja deve estar em consonância com Cristo, submetida a ele, pois as ovelhas só a ele pertencem: "apascenta as minhas ovelhas". Ele concede a supervisão a quem se põe à frente, como no caso de Pedro, mas apenas no sentido de que tome cuidado em seu lugar e em seu nome. O comando continua, pois, sendo de Cristo; o responsável final pelas ovelhas será sempre ele. Por isso mesmo ninguém, seja papa, bispo, padre, diácono ou fiel, absolutamente ninguém se pode proclamar "dono" das ovelhas de Cristo. Qualquer autoridade deve ser exercida apenas em nível de doação e de serviço para o bem da comunidade. A autoridade dentro da Igreja deve se constituir num verdadeiro e próprio modelo para a vida do rebanho de Deus e a presidência, como um claro convite para uma sempre maior santidade.

O texto de hoje se interessa sobretudo pelo rebanho. O mesmo rebanho que se havia dispersado, por ocasião da prisão e morte de Jesus em Jerusalém, graças à sua ressurreição é novamente reorganizado pelo Senhor. A refeição pós-pascal de Jesus, que o texto da liturgia de hoje apresenta, marcaria assim esta reorganização, que encontra na pessoa de Pedro a base de sua unidade.

O mesmo texto, porém, também chama a atenção para o discípulo que Jesus ama. Ele é o primeiro a reconhecer o Senhor, dando provas de que os olhos do coração são mais velozes e capazes de ver mais longe que os olhos carnais. Em todo o caso, só reconhece o Mestre quem o ama de forma plena e total e quem estabelece com ele uma relação de grande proximidade.

"Conhecer" significa entrar na intimidade do outro e penetrar de certa maneira no seu coração. Só quem consegue dar este passo, devotando um amor pessoal e profundo a Jesus, é capaz de familiarizar-se verdadeiramente com ele.

Seja como for, quem sabe esta passagem não nos queira mostrar que, embora o primado seja confiado à pessoa de Pedro, isso não exclui a seu lado também a presença atuante do discípulo amado. Certo é que ambos representam carismas diferentes e complementares, cada um podendo oferecer à Igreja de Deus o melhor de si mesmo para o bem das queridas ovelhas de Cristo.

Unindo Palavra e liturgia

A Igreja antiga era muito sensível a determinados gestos litúrgicos e a determinados sinais, em si ricos e bastante sugestivos, mas que talvez não sejam capazes de encontrar nas pessoas de nossa atual cultura ocidental urbana muita repercussão. Eles, porém, são cheios de significados e podem mesmo nos conduzir a uma liturgia bastante expressiva.

Vejamos alguns exemplos. Os primeiros cristãos jamais rezavam de joelhos nos domingos e durante todo o tempo pascal. E a justificativa era muito clara. Em grego, a palavra para designar a ressurreição é *anástasis*, que literalmente significa "levantar", "erguer-se". Assim, no tempo em que o Senhor se levantou, pensavam os cristãos da origem, nós que nos alegramos com sua festa também não nos podemos pôr de joelhos para rezar, mas permanecemos de pé diante dele. Hoje em dia, talvez tenhamos perdido esta sensibilidade, mas uma recuperação de elementos cristãos antigos como esse, bem que podem reforçar nossa oração e calcificar mais ainda a nossa fé.

Outro elemento que permaneceu bem vivo na percepção cultural-religiosa dos primeiros cristãos, embora tenha continuado também entre nós, é a total proibição de um cristão jejuar no Domingo, dia da Páscoa semanal, e em todo o período pascal. Páscoa é tempo de alegria pela presença vitoriosa do nosso Salvador no meio de nós. Seria, pois, inconcebível que um cristão jejuasse exatamente no momento em que o Esposo está presente e festeja conosco. Naturalmente que depois, quando o Esposo for tirado, jejuarão (cf. Mt 9,15). Obedecendo a isso, o já citado documento "Peregrinação de Etéria" chama a atenção para que, durante os cinquenta dias de celebrações pascais, absolutamente ninguém na Igreja antiga jejuava, nem mesmo os monges.

Neste terceiro Domingo de Páscoa, as orações com as quais se celebram a Eucaristia conseguem comunicar a exultação pascal deste período. É o caso da oração coleta que reza a Deus no sentido de que o povo cristão sempre exulte em sua renovação espiritual, já que recuperaram agora com alegria a condição de filhos de Deus. A oração sobre as oferendas pede ao Senhor a eterna alegria para a Igreja, a ele que é a causa de tão grande júbilo. A oração após a comunhão implora, para os renovados pelo sacramento, a graça de chegarem um dia à ressurreição.

Quarto Domingo de Páscoa

O Pastor dá a vida eterna às ovelhas

Primeira leitura: At 13,14.43-52 – "Eu te coloquei como luz para as nações, para que leves a salvação até os confins da terra."

Salmo responsorial: Sl 99(100),2.3.5 – "O Senhor, só ele é Deus, somos o seu povo e seu rebanho."

Segunda leitura: Ap 7,9.14b-17 – "Esses vieram da grande tribulação. Lavaram e alvejaram as suas roupas no sangue do Cordeiro."

Evangelho: Jo 10,27-30 – "As minhas ovelhas escutam a minha voz, eu as conheço e elas me seguem."

Introduzindo o tema

Quando nos encontramos em pleno ciclo pascal, não podemos esquecer um dos elementos que de maneira direta mais colaborou para o crescimento e o desenvolvimento da fé dos primeiros cristãos. Refiro-me às catequeses dos Padres da Igreja. De fato, nas comunidades antigas, a formação básica dos que abraçavam a fé e começavam a fazer parte do grupo dos cristãos pelo Batismo, se dava sobretudo por meio de catequeses. E, como o Batismo era recebido praticamente só na noite da Vigília Pascal, as catequeses se associaram fortemente a esse tempo.

Existiam diversos tipos de catequese, que buscavam adaptar-se às diferentes fases em que se encontravam os seus ouvintes ou se orientavam de acordo com as diversas ocasiões em que eram proferidas. Tais catequeses eram constituídas por uma série de instruções que, por ocasião da Quaresma e da Páscoa, o bispo oferecia aos que se tinham inscritos para a recepção do sacramento do Batismo na Vigília Pascal ou àqueles que haviam acabado de recebê-lo na celebração desta noite santa. Mas elas podiam também ser escutadas com proveito por qualquer cristão já batizado que desejasse aprofundar e nutrir a própria fé.

As catequeses eram muito comuns em várias regiões, embora as mais famosas sejam as realizadas em Jerusalém por volta de metade do século IV. Comumente se atribui a Cirilo, que foi bispo de Jerusalém entre 348/350 até 386, uma protocatequese, dezoito catequeses preparatórias ao Batismo e cinco catequeses pós-batismais que se endereçavam aos neófitos. Mas, no que se refere a essas cinco últimas, chamadas "mistagógicas", porque introduzem nos mistérios batismais, pensa-se hoje que são da autoria do bispo João, sucessor de Cirilo na sede de Jerusalém e morto em 417. Contudo, a doutrina que essas catequeses mistagógicas exalam, pertence, sem dúvida, ao gênio de Cirilo.

Todas as vinte e quatro catequeses têm uma linha comum, não revelando contradições no seu conteúdo. Oferecem uma síntese da doutrina cristã resumida nos artigos do Credo e alicerçada na pessoa de Cristo. Deste modo, privilegiam a história da salvação preanunciada pelos profetas de Israel, realizada por Jesus e pregada pela Igreja apostólica. A liturgia e os sacramentos são, nas catequeses de Cirilo, meios através dos quais os Mistérios de Cristo se tornam presentes e eficazes. Eles são verdadeiros portadores de vida divina para os fiéis. E embora a Igreja atual oficialmente não as utilize mais, a leitura das antigas catequeses pode contribuir decisivamente para um salutar enriquecimento da vida cristã do fiel discipulado do Senhor.

Comentando a Palavra

Os quatro versículos que constituem a passagem do Evangelho de hoje se situam num complexo bem mais amplo do Evangelho de João, ou seja, João 10,22-39, muito embora mantenham íntimas ligações temáticas com o precedente discurso do bom pastor de João 10,1-18. Jesus aqui toma consciência da grande incredulidade dos judeus a seu respeito e apela para a qualidade das obras que ele próprio realiza: elas é que devem dar testemunho em seu lugar. E, se mesmo assim, os judeus não acreditam em sua Palavra, é porque de modo algum pertencem às ovelhas que o Pai lhe deu.

É preciso ser ovelha de Cristo para ouvir a sua voz, aceitar a sua mensagem, conhecer e seguir o Mestre. E aqui retorna novamente a questão do conhecimento de Jesus, elemento tão caro ao evangelista João. Só o conhece de fato aquele que goza de sua intimidade, aquele que se abre a seu apelo. E, para que isso aconteça, é preciso que a pessoa tenha sido convidada pelo próprio Deus ao discipulado de Cristo.

Os judeus ouvem a voz do Senhor, mas são incapazes de segui-lo, não porque não a entendam, mas porque estão totalmente fechados diante dele. Desse modo, apesar de ouvirem, se fazem de surdos diante do convite da salvação. E os piores surdos são aqueles que não querem escutar, que não querem dar crédito e se cerraram ante qualquer possibilidade de acolhida do outro. É verdade que tal incompreensão por parte dos judeus existe tão somente por eles não pertencerem ao redil de Jesus. Eles, contudo, não pertencem a esse redil porque, através de uma livre e perigosa decisão, escolheram estar fora.

As ovelhas de Jesus, pelo contrário, escutam a sua voz, ele as conhece e elas o seguem. Jesus lhes dá a vida eterna e elas jamais se perderão ou dispersarão. E neste contexto Jesus conclui dizendo: "Eu e o Pai somos um". Os judeus compreendem então que ele se declara Deus e querem apedrejá-lo por esta blasfêmia (cf. Jo 10,31).

Mas que garantias as ovelhas de Jesus têm para serem fiéis a ele? Tais garantias são dadas pelas relações de Jesus com o Pai. O Pai, que é maior do que todos, deu-lhe as ovelhas e ninguém pode arrebatá-las das mãos do Pai. E aqui se estabelecem duas atitudes típicas e contraditórias que o Evangelho de João costuma explorar: a revelação da divindade de Jesus leva ou à fé ou à incredulidade. Ou a aceitam aqueles que são de Deus, e se salvam, ou a rejeitam os que não têm o "conhecimento" de Deus, e esses se perdem porque se autocondenam.

Hoje, os discípulos do Mestre Jesus são convidados a seguir o Cordeiro-Pastor pelos caminhos da vida, solidários com o seu destino e confiantes na sua condução, conforme nos assegura a passagem do Apocalipse de São João proposta como segunda leitura da missa. Este Pastor é confiável, porque dá a vida por nós. Segui-lo significa morrer com ele para também com ele ressuscitar, na garantia de que jamais seremos dispersos, pois o dono do rebanho é o Pai. É ele quem confirma seu percurso, mantém sua segurança e garante sua chegada aos apriscos eternos.

Nós continuamos sendo o grupo de antigos pagãos aos quais foi anunciada a Palavra de Deus, após a recusa perpetrada da parte dos judeus de que fala a primeira leitura desta celebração. Por isso, devemos nos alegrar e glorificar de todo o coração àquele que nos destinou à salvação, após nos ter achado dignos de obter a Vida.

Aprofundando a Palavra

A figura do pastor conduzindo as ovelhas é um tema bastante familiar à Bíblia, de modo todo especial no Antigo Testamento. Assim é constantemente indicado o amor de Javé pelo povo, o qual com extremo zelo apascenta o seu rebanho, carrega nos braços os cordeirinhos e conduz mansamente as ovelhas que amamentam. E, apesar de tanto cuidado, o rebanho nem sempre lhe é dócil. Mas o pastor prossegue, sem jamais desistir. Continua incessantemente reagrupando as ovelhas dispersas para que reconheçam o desvelo do pastor e lhes responda com amor ao amor que dele continuamente recebem.

Javé, pastor e guia, prossegue confiando seu rebanho a pastores terrenos, na esperança de que sejam "pastores segundo o seu coração". Juízes e, em seguida, reis recebem tal missão. Sobretudo estes últimos, com extrema frequência, são infiéis a tal missão, recebendo a crítica dos profetas, em especial Jeremias e Ezequiel.

Um dia, porém, se realizarão as esperanças messiânicas. Javé intervirá definitivamente, fazendo surgir um verdadeiro pastor, capaz de reagrupar as ovelhas dispersas e dar um destino novo a todo o rebanho. Caberá, enfim, a Zacarias, em seguida ao exílio, denunciar os pastores infiéis e evocar o Messias semelhante ao servo sofredor que justifica as ovelhas pelo sacrifício de sua própria vida.

Será necessário entrarmos no Novo Testamento para encontrarmos o esperado pastor segundo o coração de Deus, que se revela na pessoa de seu Filho Jesus. Ele é o bom pastor que conduz as ovelhas às pastagens verdejantes. Ele as conhece e elas o seguem. Por elas, entrega a sua vida livremente e por amor. Agora todos são convidados a entrar no rebanho do único pastor.

Fiel a Jesus, a Igreja continua no mundo esta função pastoral, que lhe foi confiada pelo Ressuscitado. Tal função atrela-se agora à difusão da caridade de Cristo, obrigando aqueles que a exercem a se esforçarem por viver, seja no domínio do rito, seja no domínio da vida, a mesma doação que resplandecia no coração do Salvador. Só assim continuaremos a ter, no seio da Igreja, verdadeiros "pastores segundo o coração de Cristo".

Unindo Palavra e liturgia

Encontramo-nos em pleno tempo pascal e nossa vida diária deve refletir bem esta importante realidade. Se a ressurreição leva o cristão à vivência zelosa da caridade fraterna em todos os momentos do ano litúrgico, muito mais ainda tal expressão deve se fazer firme e forte na época pascal. E tal caridade se aprende, em especial, escutando e celebrando a palavra escriturística em meio à comunidade de fé, e repartindo o pão da vida com os irmãos na missa.

Hoje a palavra evangélica convoca o discipulado a ouvir com atenção a voz do seu Pastor e a prestar atenção à sua mensagem. Temos feito esse esforço no nosso dia a dia? Temos procurado pôr em prática o que nosso Senhor nos sugere? Temos nos comportado como verdadeiras ovelhas do seu redil? Como fazer de nossa Eucaristia dominical lugar de escuta-celebração-realização da Palavra de Deus? E como esta mesma Palavra pode envolver e fecundar nossa vida e a vida dos nossos irmãos no mundo? Como unir liturgia e vida, deixando que a liturgia invada toda a nossa existência? Eis aqui questões sérias que o cristão não se deve furtar a responder. Elas podem mesmo conduzir a uma sadia reflexão sobre as ligações que intercorrem entre celebração e vida diária, entre escuta da Palavra de Deus e realização da mesma na experiência concreta do homem que crê.

Nesta linha, até mesmo as orações da missa deste Domingo podem nos ajudar a um sadio aprofundamento. A oração coleta hoje põe o discípulo diante de um rico programa de vida, quando pede "que o rebanho possa atingir, apesar de sua fraqueza, a fortaleza do Pastor". Quando nos sentimos fracos e desanimados ao longo do caminho da vida, somos impulsionados a olhar para a potência do Pastor. Ele é quem nos anima no desejo de progredirmos sempre mais, tendo-o como guia e modelo. Já a oração após a comunhão é uma súplica ao Senhor, Bom Pastor, no sentido de que vele sobre o seu rebanho, para que vivam nos prados eternos as ovelhas que foram resgatadas pelo sangue de Jesus Cristo.

Em Cristo, que nos resgatou da morte e nos conduziu à vida, contemplamos a verdadeira face de Deus. Trata-se de um Deus amoroso que nos dá a sua graça, derramando abundantemente sobre nós o Espírito consolador. Conforme nos recorda o apóstolo Paulo, "ele, que não poupou seu próprio Filho, mas o sacrificou por todos nós, como poderá deixar de nos dar, com ele, tudo mais?" (Rm 8,32).

Que a participação na Eucaristia no dia de hoje renove o nosso amor e nos encha de ardor espiritual, fazendo-nos viver somente de cada palavra que sai da boca de Deus. Que saibamos acolher com dedicação a mensagem do Senhor, Bom Pastor, para que repousando nele desde esta vida, sejamos achados dignos de viver eternamente ao seu lado nos parados eternos.

Quinto Domingo de Páscoa

Amai-vos como eu vos amei

Primeira leitura: At 14,21b-27 – "Os apóstolos contaram tudo o que Deus fizera por meio deles e como havia aberto a porta da fé para os pagãos."

Salmo responsorial: Sl 144(145),8-9.10-11.12-13ab – "Bendirei eternamente vosso santo nome, ó Senhor."

Segunda leitura: Ap 21,1-5a – "Eis que faço novas todas as coisas. Escreve, porque estas palavras são dignas de fé e verdadeiras."

Evangelho: Jo 13,31-33a.34-35 – "Nisto todos conhecerão que sois meus discípulos, se tiverdes amor uns aos outros."

Introduzindo o tema

Na Igreja dos primórdios, o tempo pascal se constituía num período de festas para comemorar a recepção do santo Batismo, que geralmente havia sido oferecido aos candidatos na noite da Vigília Pascal. Mas para chegar até o Batismo, o aspirante devia percorrer um caminho catecumenal cheio de sugestivas etapas. Notícias bem claras sobre as diversas etapas desse processo, desde os primeiros contatos do candidato com a comunidade eclesial até a sua inserção definitiva no seio da Igreja, são oferecidas por um precioso documento dos primeiros decênios do século III da Era Cristã, chamado de "Tradição Apostólica".

Este texto, atribuído a um tal Hipólito de Roma, mas certamente não de sua autoria, é o primeiro documento cristão a nos fornecer um ritual completo da Iniciação na Igreja antiga. Seu autor inicia descrevendo a acolhida do candidato pela Igreja, sua entrada no catecumenato, o qual, em média, dura três anos, depois sua formação mais intensa no período da Quaresma. A seguir, dá-nos a conhecer meticulosamente as várias cerimônias de iniciação na vida da Igreja que são realizadas na noite santa da Páscoa. Sigamos aqui, em resumo, a recepção dos três sacramentos da Iniciação Cristã, conforme nos apresenta a "Tradição Apostólica":

Aproximando-se o dia do Batismo, isto é, a Vigília Pascal, o bispo em pessoa exorcizará cada eleito, para saber se é puro. Na Quinta-Feira Santa todos eles se lavam e na Sexta-Feira, jejuam. No Sábado Santo o bispo reúne os eleitos, ordena-os a estarem de joelhos em oração e os exorciza, impondo-lhes as mãos. A seguir, sopra sobre o rosto de cada qual, traça o sinal da cruz na fronte, ouvidos e nariz e os faz levantar. Os catecúmenos passam toda esta noite do Sábado Santo em vigília, orando, escutando leituras e sendo formados pela catequese (cf. cap. 20).

Ao canto do galo, o bispo proclama a oração de bênção sobre a água e, em seguida, cada catecúmeno, despindo-se inteiramente das próprias vestes, recebe a primeira unção das mãos do presbítero, porque o verdadeiro combate contra as forças do mal se dá exatamente dentro da água. Em seguida se encaminha para a piscina batismal, primeiro as crianças, depois os homens e, por fim, as mulheres. Estas devem desatar os cabelos e despir-se de todos os objetos de adorno: quem se aproxima da água deverá estar completamente despido, sem levar nada de estranho no corpo.

Aquele que batiza interroga o batizando sobre sua fé em cada uma das três pessoas da Santíssima Trindade e, a cada resposta afirmativa, o candidato é submergido. Saindo da água, o que foi batizado recebe o óleo de ação de graças e a imposição das mãos do bispo. Após revestir-se, sobe para a Igreja, na qual o neobatizado participará agora, pela primeira vez, da Eucaristia de forma completa, pois até então se fazia presente apenas durante a liturgia da Palavra, até a homilia.

No momento da comunhão, o batizando recebe primeiro o pão eucarístico, o corpo de Cristo e, em seguida, bebe de três cálices, que são sucessivamente explicados pelo texto: um primeiro contendo água, no sentido de que a parte interior do homem, ou seja, a alma, consiga os mesmos efeitos obtidos pelo corpo; um segundo contendo uma mistura de leite e mel, sinal de realização da promessa feita aos nossos pais, de entrada numa terra onde escorre leite e mel; e, por fim, um terceiro cálice com vinho consagrado, sinalizando o sangue derramada em favor dos que acreditaram em Cristo (cf. cap. 21).

Comentando a Palavra

A Palavra de Deus proclama hoje em nossas assembleias um mandamento todo novo, ou seja, o mandamento do amor: "Amai-vos uns aos outros. Como eu vos amei, assim também vós deveis amar-vos uns aos outros".

Mas o que há propriamente de novo neste mandamento? Afinal, o amor não é desde sempre a condição básica para as relações humanas? E o Antigo Testamento não nos falava deste mesmo amor, quando proclamava também em mandamento: "Amarás o teu próximo como a ti mesmo" (Lv 11,18)? Que novidade apresenta, pois, o Mestre neste seu mandamento, chamado agora de novo?

A novidade se encontra não no amor em si, mas na inspiração totalmente nova como deve ser ele realizado: "Amar como Jesus amou". Eis aí a grande novidade e a grande perfeição do mandamento que nos é proposto: a medida do amor não sou eu mesmo e seus critérios não são fornecidos por minha aptidão psicossocial, mas o grande critério do amor é Jesus Cristo. Este nos convida a amar o irmão obedecendo a um conceito que se faz inteiramente novo: amar completamente, amar totalmente, amar até o fim, até o ponto de dar a vida pelo outro, o que implica esvaziar-se de si próprio na doação ao irmão. Tal doação leva agora a comprometer tudo aquilo que se é e tudo aquilo que se tem.

Aqui encontramos o âmago do mandamento novo do Senhor Jesus, novo no seu ser, novo na sua formulação e novo na sua realização. Se vivermos assim, seremos conhecidos por todos como fiéis discípulos do Mestre. E mais uma vez somos postos diante do tema do conhecimento, próprio do Evangelho segundo São João. A vivência do amor novo produz no cristão um conhecimento novo, que o identifica como pertencente ao grupo de Jesus. O amor nos faz conhecer internamente Jesus e sermos internamente conhecidos por ele.

Nesse sentido, o presente trecho do Evangelho de hoje é aberto com uma observação bastante singular, capaz de explicitar mais claramente ainda o que Jesus propõe. De início se chama a atenção para o seguinte fato: "Depois que Judas saiu do cenáculo [...]". Isso explica a extensão do amor do Senhor. Traído por um companheiro íntimo, convidado por ele para dividir sua vida e participar de sua intimidade, Jesus humanamente se encontra arrasado. Mas a lembrança de sua missão e a qualidade de seu compromisso com o Pai e os irmãos, o fortifica: ele veio para amar, ofertando-se até a última gota de si próprio. Eis, pois, a razão maior que leva o Pai a glorificá-lo. Eis o sentido profundo do oferecimento de sua própria vida. Tem razão, portanto, o texto do Apocalipse, proposto como segunda leitura, quando diz: "Eis que faço novas todas as coisas". Essa novidade se deve tão somente ao amor pleno e total com que Jesus nos ama e também nos manda amar o irmão.

O texto dos Atos, que constitui a primeira leitura deste Domingo, é a conclusão do relato da primeira viagem missionária de Paulo pela Licaônia, Pisídia e Panfília, bem como a sua volta a Antioquia. Preocupado sobretudo em deitar sobre bases sólidas as comunidades recentemente fundadas, Paulo encoraja-as a resistirem a toda perseguição e a se organizarem através de uma competente hierarquia eclesial.

Aprofundando a Palavra

Devendo partir deste mundo, Jesus deixa como herança aos seus um "mandamento novo". Amando desse modo, os discípulos assumem no mundo aquela mesma missão que antes pertencia a Jesus. Mas a vivência de tal amor marca também e sobretudo a presença permanente do

Mestre no meio de sua Igreja, dando continuidade a tudo aquilo que ele fez e tudo aquilo que disse.

Para o cristão, a própria vivência do amor garante a efetiva presença de Jesus em seu meio. E longe de se tratar de pura ilusão, temos aqui uma presença visível e palpável do Senhor, que se concretiza na medida em que o mal se transforma em bem, em que a injustiça se torna solidariedade, em que o pecado dá lugar à graça de Deus. Pondo em prática o mandamento do amor de Cristo, somos capazes de mudar a face perversa desse mundo, transformando-o num lugar abençoado para os irmãos. Se quisermos que Cristo permaneça em nosso meio, precisamos começar a torná-lo presente pelo amor.

Os cristãos devem dar testemunho no mundo do mesmo amor que lhes foi manifestado por Cristo, em profunda conformidade com a maneira como ele irradiou o seu amor. E para que isso se realize, é preciso que o discípulo tenha experimentado concretamente o amor de Cristo. Como vimos, trata-se, pois, de algo bem prático: aceitar oferecer ao mundo aquele mesmo amor com o qual Cristo agraciou os seus amigos.

Essa preocupação do evangelista João em proclamar o mandamento novo do amor de Cristo ganha uma força toda particular por estar inserido exatamente naquele lugar em que esperávamos encontrar o relato da instituição da Eucaristia. João não cita as palavras pronunciadas por Jesus na última ceia sobre o pão e o vinho, porque prefere substituí-las pela narração do lava-pés. Segundo ele, o amor se torna um memorial tão real para o discípulo do Mestre, quanto o é a própria Eucaristia. Como já tivemos oportunidade de falar quando comentávamos a cerimônia da Quinta-Feira Santa, o lava-pés, para João, é a concretização da ação eucarística. Só quem está disposto a lavar os pés do irmão, só quem se esforça para acudi-lo e perdoá-lo de forma real nas estradas do mundo, pode-se dizer verdadeiramente apto a participar da refeição sacrifical do Senhor.

É dessa forma que João Evangelista entende apresentar as íntimas ligações que intercorrem entre missa e vida, entre caridade celebrada e caridade praticada, entre o desejo de viver o amor ao irmão e a realidade concreta desta vivência. Fazendo uma escolha bem consciente, ele prefere privilegiar a prática do amor à descrição de sua ritualização, mostrando que tanto faz celebrar para amar como amar para celebrar; o que importa mesmo é jamais se esquecer de passar do rito para a vida. A celebração supõe, de um lado, a ação caritativa e, de outro lado, a ela conduz. Afinal, não é essa a essência da terrível crítica que os profetas de Israel movem contra o povo, por constatarem que a sua belíssima e impecável liturgia se tornara ineficaz por não se conectar à prática da vida?

Unindo Palavra e liturgia

A virtude do amor só serve realmente à medida que é posta em prática. Essa lição que o Senhor deixa para nós, isto é, de que devemos amar o irmão como ele mesmo nos amou, só ganha sentido quando nos conduz a um compromisso bem real com o outro. Do contrário, corre também o risco de se tornar letra morta.

O período pascal é um privilegiado tempo oferecido pelo Senhor ao seu discipulado para que reflita sobre a realidade do amor em vista de sua realização. E a liturgia da Páscoa nos quer dar condições de efetivar esta passagem da teoria à prática, da palavra anunciada e celebrada à palavra concretizada, do desejo de amar à sua consolidação.

Na celebração litúrgica, recebemos as forças necessárias para fazer essa travessia em direção à consolidação do Reino de Deus no meio de nós, reino de justiça e de paz, reino de piedade, de verdade e, sobretudo, de amor.

Um precioso texto do Papa João Paulo II resume de certa maneira o amor que a Eucaristia bem representa na vida do cristão. Assim diz o Papa: "O autêntico sentido da Eucaristia torna-se, em si, ativa escola de amor para com o próximo. Nós sabemos que é assim a ordem verdadeira e integral do amor que o Senhor nos ensinou: 'Nisto todos reconhecerão que sois meus discípulos: se tiverdes amor uns pelos outros' (Jo 13,35)".

E a Eucaristia educa-nos para este amor de maneira mais profunda; ela demonstra, de fato, qual o valor que têm aos olhos de Deus todos os homens, nossos irmãos e irmãs, uma vez que Cristo oferece a si mesmo de igual modo a cada um deles, sob as espécies do pão e do vinho.

"Se o nosso culto eucarístico for autêntico, deve fazer crescer em nós a conscientização da dignidade de todos e de cada um dos homens. A consciência dessa dignidade, depois, torna-se o motivo mais profundo da nossa relação com o próximo. Devemos também nos tornar particularmente sensíveis a todos os sofrimentos e misérias humanas, a todas as injustiças e arbitrariedades, buscando a maneira de remediar isso de forma eficaz [...]. O sentido do Mistério eucarístico impele-nos ao amor para com o próximo, ao amor para com todos e cada um dos homens" (*Dominicae Cenae,* n. 6).

"O culto eucarístico não é tanto culto da inacessível transcendência, quanto culto da divina condescendência, e é também misericordiosa e redentora transformação do mundo no coração do homem" (*Dominicae Cenae,* n. 7).

Vejamos também o que nos transmitem as orações da presente missa. A oração coleta pede a Deus, Pai de bondade, para os que creem no Cristo, a liberdade verdadeira e a herança eterna. Como povo livre, sempre podemos optar pelo Senhor, organizando toda a nossa existência em sua direção. Isso nos conduz naturalmente para a eternidade a seu lado. A oração sobre as oferendas reconhece que a celebração do sacrifício eucarístico nos faz participar da suprema divindade de Deus. E implora que, conhecendo assim a verdade divina, sejamos fiéis a ela por toda a vida. Enfim, na oração após a comunhão, pede-se a presença de Deus junto a seu povo, no sentido de que faça passar da antiga à nova vida, os que acabaram de comungar os mistérios divinos.

Sexto Domingo de Páscoa

Se alguém me ama, guardará a minha palavra

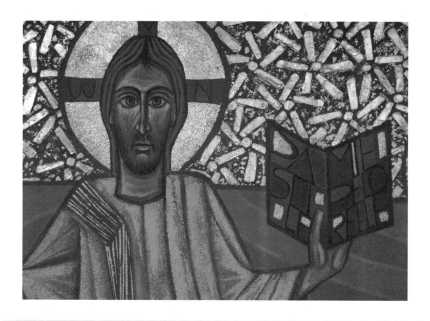

Primeira leitura: At 15,1-2.22-29 – "Homens que arriscaram suas vidas pelo nome de nosso Senhor Jesus Cristo."

Salmo responsorial: Sl 66(67),2-3.5.6.8 – "Que as nações vos glorifiquem, ó Senhor, que todas as nações vos glorifiquem!"

Segunda leitura: Ap 21,10-14.22-23 – "A cidade não precisa de sol, nem de lua que a iluminem, pois a glória de Deus é a sua luz e a sua lâmpada é o Cordeiro."

Evangelho: Jo 14,23-29 – "Se alguém me ama, guardará a minha Palavra, e o meu Pai o amará, e nós viremos e faremos nele a nossa morada."

Introduzindo o tema

Com a inteira Igreja de Deus, celebramos a liturgia do sexto Domingo de Páscoa. E assim nos aproximamos a passos largos dos derradeiros domingos do tempo pascal. Como já tivemos oportunidade de salientar, trata-se de um período riquíssimo, que nos abre a possibilidade de aprofundarmos a mensagem do Senhor que é anunciada, celebrada e proposta como tema de vida cristã às mais variadas comunidades eucarísticas da Igreja.

O encontro da Palavra de Deus com a ação litúrgica, que constitui a essência dessas nossas reflexões, orienta a nossa atenção para uma série de documentos do último Concílio do Vaticano, capazes de nos fazer compreender melhor e mais profundamente o sentido que a Palavra ganha no seu encontro com a Eucaristia e a importância da missa como ambiente natural de proclamação-escuta e celebração da Palavra de Deus.

"Cristo está sempre presente em sua Igreja [...] pela sua palavra, pois é ele mesmo que fala quando se leem as Sagradas Escrituras na Igreja" (*Sacrosanctum Concilium*, SC, n. 7).

"Na celebração litúrgica é máxima a importância da Sagrada Escritura. Pois dela são lidas as lições e explicadas na homilia e cantam-se os salmos. É de sua inspiração e bafejo que surgiram as preces, orações e hinos litúrgicos. E é dela também que os atos e sinais tomam a sua significação. Portanto [...] é necessário que se promova aquele suave e vivo afeto pela Sagrada Escritura, que é confirmado pela venerável tradição dos ritos, tanto orientais como ocidentais" (SC, n. 24).

"[...] na liturgia Deus fala a seu povo. Cristo ainda anuncia o Evangelho (SC, n. 33); "Nas celebrações litúrgicas restaure-se a leitura da Sagrada Escritura mais abundante, variada e apropriada [...] Incentive-se a celebração sagrada da Palavra de Deus" (SC, n. 35); "[...] A Igreja com diligente solicitude zela para que os fiéis [...] sejam instruídos pela Palavra de Deus" (SC, n. 48); "Com a finalidade de mais ricamente preparar a mesa da Palavra de Deus para os fiéis, os tesouros bíblicos sejam mais largamente abertos, de tal forma que dentro de um ciclo de tempo estabelecido se leiam ao povo as partes mais importantes da Sagrada Escritura" (SC, n. 51); "Recomenda-se vivamente como parte da própria Liturgia a homilia pela qual, no decurso do ano litúrgico, são expostos os mistérios da fé e as normas da vida cristã a partir do texto sagrado" (SC, n. 52); "As duas partes, de que consta de certa forma a missa, a liturgia da Palavra e a liturgia eucarística, estão tão estreitamente unidas, que formam um único ato de culto" (SC, n. 56).

"A Igreja sempre venerou as divinas Escrituras, da mesma forma como o próprio Corpo do Senhor" (*Dei Verbum*, n. 21); "[...] é necessário que todos os clérigos, sobretudo os sacerdotes de Cristo [...] se apeguem às Escrituras por meio da assídua leitura sagrada e diligente estudo, para que não venha a ser "vão pregador da Palavra de Deus externamente quem não escuta interiormente" (Santo Agostinho, *Sermo* 179,1); "Porquanto ignorar as Escrituras é ignorar Cristo" (São Jerônimo, *Comm. In Is., Prol.*)" (DV, n. 25).

"Pela leitura e estudo dos Livros Sagrados 'seja difundida e glorificada a Palavra de Deus' (2Ts 3,1) e que o tesouro da Revelação divina confiado à Igreja cada vez mais encha os corações dos homens" (DV, n. 26); "[...] arautos do Evangelho [...] enviados pela Igreja, vão pelo mundo todo realizando o múnus de pregar o Evangelho e de fundar a própria Igreja [...] Deste modo, da semente que é a Palavra de Deus, por todo o mundo surgem as Igrejas particulares" (*Ad Gentes*, n. 6); "Entre todos os subsídios espirituais, destacam-se aquelas ações com as quais se nutrem os fiéis do Verbo de Deus na dupla mesa da Sagrada Escritura e da Eucaristia" (*Presbiterorum Ordinis*, n. 18).

Comentando a Palavra

O texto correspondente ao Evangelho deste Domingo situa-se em meio ao grande discurso de despedida de Jesus (Jo 13,31–17,26). Os dois primeiros versículos que abrem a parte do Evangelho de hoje são a resposta de Jesus à questão levantada por Judas: "Senhor, por que te manifestarás a nós e não ao mundo?" (v. 22). Jesus, porém, como quase sempre acontece no Evangelho de João, não responde diretamente à pergunta que lhe é dirigida. Na atual passagem, ele procura discorrer sobre a presença do Pai e dele mesmo naquelas pessoas que amam o Filho.

As condições para se ter o Pai e o Filho são estabelecidas aqui de uma maneira prática e bem direta: amar a Jesus e observar a sua Palavra. Essas são razões tidas como suficientes para se obter o amor do Pai e a presença do Pai e do Filho na própria vida. De igual maneira, continua o texto, quem não ama Jesus, também não guarda a sua Palavra. O amor implica, assim, uma atitude pessoal da liberdade e leva à realização concreta da vontade do amado.

A segunda parte do texto vai tratar do tema do Paráclito, ou seja, do "defensor", "intercessor" ou "advogado". Trata-se do Espírito Santo que o Pai enviará em nome de Jesus. E também aí é definida a missão que caberá ao Espírito: ensinar os discípulos, recordar tudo o que disse e fez e levar a compreender profundamente o significado da mensagem do Mestre.

A seguir o Senhor deseja "paz" aos discípulos, termo infinitamente mais amplo do que poderíamos interpretar em nossa própria língua. Ele expressa as muitas realidades que acompanham o dom de Deus oferecido por Jesus ao seu discipulado. Por outro lado, a paz oferecida por Jesus aos discípulos é muito diversa daquela que o mundo pode dar, porque só ele é o portador da verdadeira e plena paz.

Como conclusão, o Mestre deseja retirar do coração dos seus toda e qualquer perturbação provocada pela sua iminente partida. Tal partida pode até ser dolorosa para os seus, mas é necessária em vista do prosseguimento da missão, agora confiada aos discípulos, iluminados pela força do Espírito.

Dando prosseguimento à obra de organização hierárquica da Igreja, a primeira leitura, do livro dos Atos, apresenta o decreto transmitido a Antioquia pelos apóstolos e anciãos de Jerusalém a respeito das relações entre os judeo-cristãos e os cristãos de origem pagã. No meio se põe a questão da circuncisão, inexistente para os cristãos de origem pagã. Em vista da unidade da inteira Igreja de Jesus Cristo, devem-se evitar as barreiras que impedem a comunhão dos irmãos. E, para tanto, é necessário o respeito por parte de todos de certas normas de tolerância que os apóstolos se apressam em fixar.

A segunda leitura, do Apocalipse de São João, faz uma belíssima descrição da perfeição inerente à Jerusalém celeste. Nesta cidade perfeitíssima, não há necessidade de sol nem de lua que a iluminem, já que sua luz é a glória de Deus e sua lâmpada é o Cordeiro.

Aprofundando a Palavra

No Evangelho segundo João, o acreditar em Jesus só é completo se estiver unido ao amor que se devota a ele. Amar é condição para guardar e cumprir plenamente a Palavra do Mestre. Este amor implica, de um lado, o abandono de nós mesmo e, de outro, uma completa abertura ao Senhor. Só dessa maneira podemos dizer que o amamos de fato ou que cumprimos verdadeiramente os seus mandamentos. Segundo o evangelista, aqui temos a resposta de Jesus à questão inicial posta por Judas, ou seja: "Por que te manifestarás a nós e não ao mundo?".

Guardar as palavras de Jesus significa cumpri-las. Todavia, não se trata de um simples cumprimento de preceitos externos, mas de uma perfeita interação com a sua pessoa no amor. Amar significa fazer tudo pelo amado e deixar que ele ame o meu amor.

Em meio a este contexto, Jesus, no Evangelho de hoje, deseja a paz aos seus, a paz que o mundo não sabe dar. De que paz se trata especificamente? Claro que não seria apenas uma paz que se refira unicamente a esta terra, já que ele mesmo diz: "no mundo tereis aflições". Mas de uma paz mais duradoura, capaz de nos fazer superar as contradições e os conflitos do mundo. A paz dos homens muitas vezes se resume a vitórias sobre os adversários, enquanto a paz de Cristo nos aproxima e nos compromete com esses mesmos homens, mesmo que isso gere tensões e incompreensões. A luta pela justiça, o perdão das ofensas sofridas, o esforço para não se contaminar com o mal do mundo, o constante pedido de perdão pelos próprios erros e coisas do gênero, fazem dos cristãos homens de paz, embora tal paz não seja valorizada pelo mundo.

Esta paz, no entanto, é capaz de dar grande serenidade às suas lutas, enquanto oferece bases sólidas e novo significado à inteira existência do cristão.

O tema do envio do Paráclito, que o Evangelho deste Domingo começa a apresentar, concorre para complementar o quadro das celebrações pascais deste período. Sua função será conduzir a Igreja à compreensão de todo o mistério de Cristo, enquanto presenteia cada cristão com a comunicação do mistério de Deus. A respeito do Paráclito, Jesus dirá: "Ele vos ensinará todas as coisas e vos trará à memória tudo o que vos disse" (Jo 14,26). Isso exige, de um lado, grande atenção de nossa parte para ouvir as sugestões do Espírito, que "fala" sempre, e, do outro lado, suficiente sabedoria e habilidade para saber discernir seu sopro em meio às diferentes situações do mundo hodierno.

"Não se perturbe nem se intimide o vosso coração" (v. 17c), conclui Jesus, declaração capaz de nos dar, em meio às contradições deste mundo, imensa paz, assegurada sobretudo pelo fato de ser ele mesmo, o Mestre, quem fala. Afinal, Jesus, que pela sua ressurreição já venceu o mundo, seguramente nos ensinará o caminho da vida, dando-nos sem medida o Espírito que concede, em abundância, a verdadeira vida.

Unindo Palavra e liturgia

Não apenas a Quaresma, mas também e sobretudo a Páscoa, é tempo de proclamação, celebração e vivência da Palavra de Deus. É relevante o lugar que esta Palavra ocupa nas celebrações litúrgicas, especialmente no conjunto da ação eucarística. A liturgia, ocupando-se do mistério da história sagrada, mistério de Cristo e da Igreja, recebe este mistério em sua totalidade da leitura da Escritura Sagrada. A expressão litúrgica do mistério de Cristo é toda ela escriturística; e, na liturgia, as composições não escriturísticas, além de muito reduzidas, outra coisa não fazem a não ser sublinhar, interpretar e coordenar com sobriedade as passagens da Escritura, as quais ocupam sempre o lugar principal. A Sagrada Escritura, assim, é essencial à liturgia, formando com esta um par bem afinado.

A proclamação da Palavra de Deus na celebração eucarística não tem por função apenas preparar os ânimos dos fiéis para o momento da liturgia do sacramento que se segue, ou contornar o ato litúrgico de belos e edificantes pensamentos, mas em si mesmo a Palavra bíblica é já uma palavra sacramental. Por isso, assim se exprime o Vaticano II a propósito do significado da Sagrada Escritura na vida da Igreja: "A Igreja sempre venerou as divinas Escrituras, da mesma forma como o próprio Corpo do Senhor, já que, principalmente na Sagrada Liturgia, sem cessar toma da mesa tanto da Palavra de Deus quanto do Corpo do Cristo o pão da vida, e o distribui aos fiéis" (DV, n. 21).

Na celebração litúrgica, em especial na Eucaristia, a palavra que exorta, que admoesta, que chama a atenção, que aclama, bem como a linguagem dos gestos e dos sinais ocupam importante lugar porque estão sempre a serviço do mistério contido na mensagem da Escritura, que se desvela em cada celebração da assembleia. Mas a Palavra proclamada e celebrada exerce ainda uma função memorial ou anamnética. Ela recorda e torna presente o mistério que recorda. Desse modo, podemos falar mesmo de uma "sacramentalidade" da Palavra.

A Palavra é um dos elementos mais típicos e essenciais à assembleia, e parece mesmo que foi escrita para ser proclamada na liturgia, embora pudesse ser lida em particular e durante a catequese.

A importância da Palavra de Deus e o uso das Sagradas Escrituras na liturgia foram tratados pelo Concílio Vaticano II em inúmeros de seus documentos, o que indica o lugar especial que os padres do Concílio conferiram à Palavra revelada no seio da Igreja. Tal atenção pela Palavra do Senhor pode ainda ser observada numa grande quantidade de documentos publicados depois do Concílio pelo magistério da Igreja, claro sinal da importância que esta Palavra de Deus encerra na vida da comunidade cristã.

Ascensão do Senhor

A missão das testemunhas do Senhor

Primeira leitura: At 1,1-11 – "Recebereis o Espírito Santo para serdes minhas testemunhas em Jerusalém, em toda a Judeia e na Samaria, e até os confins da terra."

Salmo responsorial: Sl 46(47),2-3.6-7.8-9 – "Batei palmas, povos todos, o Senhor subiu ao toque da trombeta!"

Segunda leitura: Ef 1,17-23 – "Ele pôs tudo sob os seus pés e fez dele, que está acima de tudo, a Cabeça da Igreja."

Evangelho: Lc 24,46-53 – "Eu enviarei sobre vós aquele que meu Pai prometeu e sereis revestidos da força do alto."

Introduzindo o tema

Quarenta dias após a Páscoa, celebramos a solenidade da Ascensão ou glorificação do Senhor à direita do Pai. Após ter vivido no meio de nós e ter completado a sua missão no mundo, após passar pela morte e vitoriosa ressurreição, Jesus entra finalmente no senhorio de sua glória, não antes de nos ter estabelecido como testemunhas de tudo aquilo que ele disse e de tudo o que fez, "em Jerusalém, em toda a Judeia e na Samaria, e até os confins da terra" (cf. At 1,8).

Animados pela força de Espírito, devemos continuar obedientes à função para a qual ele nos envia no mundo. Abraçando tal tarefa, não celebramos na Ascensão do Senhor sua despedida do meio de nós, pois ele continua presente e sempre atuante, mas comemoramos um novo modo de sua presença, até que ele volte para concluir o curso da história.

Afinal, a respeito já lembrava Santo Agostinho: "O Senhor Jesus Cristo não deixou o céu quando de lá desceu até nós; também não se afastou de nós quando subiu novamente ao céu. Ele mesmo afirma que se encontrava no céu quando vivia na terra, ao dizer: 'Ninguém subiu ao céu, a não ser aquele que desceu do céu, o Filho do homem, que está no céu' (cf. Jo 3,13)".[1]

Por ocasião da solenidade da Ascensão do Senhor, a Igreja também celebra o Dia Mundial das Comunicações Sociais. A comunicação social, como costuma ressaltar o Papa Francisco, deve se dar sobretudo no encontro. Em primeiro lugar, encontro no âmbito de nossas famílias, células primeiras da sociedade, nas quais ele exerce função agregadora fundamental. Em seguida, encontro também no campo familiar eclesial, no qual somos chamados a ser, na expressão do papa, "úteros e escolas de comunicação". Na Igreja, de fato, o Pai nos reúne como filhos amados e nos manda construir encontros de fé e de amor capazes de nos edificar como pessoas e de fomentar o bom testemunho cristão no mundo.

Mas o encontro tem que se realizar ainda no campo mais amplo da nossa sociedade, onde é inegável o bem que os meios de comunicação são chamados a realizar e, de fato, muitos têm realizado. Tais meios ficariam sem sentido, caso faltasse, como elemento-base, o encontro pessoal de uns para com os outros, veiculando vida, liberdade esperança, justiça, paz. Deste tipo de comunicação o mundo atual encontra-se sequioso e deveras necessitado.

---

[1] Agostinho, A. **Discurso sobre a Ascensão do Senhor**, 98,1. PLS 2,495; **Liturgia das Horas**, v. II, 829.

Sabemos muito bem que comunicar não é somente, nem primeiramente, produzir notícias nem transmitir acontecimentos. Comunicar é, em especial, compartilhar a verdade em total compromisso com a dignidade e o bem dos irmãos. E isso exige um longo aprendizado na linha da escuta e da contemplação, antes ainda da simples emissão de qualquer palavra, fato ou imagem.

Conscientes da excelente ajuda que recebemos dos meios de comunicação próprios de nossa sociedade, que acompanham nossa caminhada terrestre e muito nos auxiliam a realizar o mandato do Mestre de espalhar pelo mundo a verdade de seu Evangelho, neste dia a eles dedicado damos graças e louvores ao nosso Deus.

Comentando a Palavra

No relato de Lucas sobre a ascensão, os discípulos são levados por Jesus a Betânia. Ali os abençoa, estendendo as mãos sobre eles. Diante de Cristo que assim os acolhe, os discípulos se prostram em sinal de reverência. Em seguida, voltam a Jerusalém com grande alegria, e continuamente se encontram no Templo, louvando a Deus. O Evangelho segundo Lucas abre o seu relato sobre a vida e os feitos de Jesus, no Templo, com o anúncio do nascimento de João Batista, e é também no Templo que termina sua narração, com a notícia de que ali a comunidade do novo povo de Deus se reuniria com frequência, para bendizer o Senhor.

Após a ascensão, os discípulos, obedientes ao Senhor, se comprometem a testemunhar fielmente tudo aquilo que ele disse e fez. Isso inclui, em primeiro lugar, a afirmação de que o Mestre vive e reina eternamente; em segundo, que esta vitória é também nossa vitória, pois somos salvos graças à sua vitoriosa passagem da morte para a vida. Desse modo, cada um que toma consciência desta salvação que vem de Cristo passa também a ser uma nova testemunha de tudo o que ele realizou por nós.

Tal testemunho, contudo, não é garantido tão simplesmente por nossa vontade, nem recebe a sua chancela e confirmação apenas da palavra humana, mas é inspirado pelo próprio Espírito Santo de Deus. Afinal, conforme nos recorda o apóstolo Paulo, "ninguém pode dizer: Jesus Cristo é o Senhor, senão sob a ação do Espírito Santo" (1Cor 12,3). E, mais ainda, é o Espírito que "vem em auxílio de nossa fraqueza; porque não sabemos o que devemos pedir, nem orar como convém, mas o Espírito mesmo intercede por nós com gemidos inefáveis" (Rm 8,26).

Os discípulos, segundo a narração evangélica deste Domingo, logo após terem assistido à subida de Jesus ao céu, voltam a Jerusalém com grande alegria, atitude própria de quem se sente estimulado pelas urgentes tarefas a serem postas em prática. Eles estão ávidos para levar a mensagem do Senhor a todas as partes, e não podem esperar mais para que tal missão aconteça. Isso explica a pressa impressa por eles a este retorno e o contentamento que invade seus corações. Desejam ser, no mundo, as grandes testemunhas do Ressuscitado e a mensagem que estão para anunciar os obriga a serem ágeis e pressurosos.

Nada encontramos aqui que os assemelhe a um grupo deprimido e desarticulado, que tenha acabado de ser abandonado pelo grande amor de suas vidas. Nada de tristeza ou decepção ostentam esses discípulos em seguida à ascensão de seu Mestre. Precisam, isso sim, possuir uma fé madura e autêntica, capaz de sentir a presença viva e atuante de Jesus em cada momento da existência. E começam a desenvolver uma consciência bem clara dos deveres que os esperam no mundo. Para isso, se faz necessário recordar as memoráveis palavras de Jesus: "Eu estarei convosco todos os dias, até a consumação dos séculos" (Mt 28,20).

Aprofundando a Palavra

"Hoje nosso Senhor Jesus Cristo subiu ao céu; suba também com ele o nosso coração", recorda-nos Santo Agostinho.[2] O afastar-se de Jesus para os céus, narrado nos textos da primeira leitura e no Evangelho segundo Lucas, não pode ser entendido em termos espaciais. Não se trata de uma nova colocação do Senhor no espaço, mas de uma nova compreensão que os discípulos começam agora a ter dele. Sendo Jesus de natureza divina, assim devem ser interpretados seus gestos e ações. A partir da ascensão, o discipulado do Senhor não fica desamparado, nem permanece isolado, armado apenas com a boa vontade que brota do coração de cada um, pois o mesmo Mestre continua a atuar no meio deles como só Deus pode agir, dando-lhes continuamente ajuda, assistência e proteção.

A ascensão é, assim, um convite a aprofundarmos a nossa fé na divindade do Senhor Jesus Cristo. Sua invisível presença entre nós continua tão ativa e intensa quanto o era sua presença visível no meio dos discípulos. Na Eucaristia o sentimos bem perto de nós, na mensagem que nos dirige na mesa da Palavra e no pão e vinho eucarísticos, alimentos a nós dispensados por seu amor, e que nos dão força e coragem para a dura caminhada da existência. Mas não podemos esquecer suas outras formas vivas de presença no meio da Igreja, como nos irmãos pobres que reclamam o seu lugar no banquete da vida, nos doentes e necessitados que atravessam nossa estrada em busca de ajuda, e que bem merecem nossa constante atenção, enfim, em todos aqueles que concretizam de uma maneira tão viva e intensa a solicitude do Senhor ressuscitado para com os mais abandonados e débeis deste mundo.

---

[2] Agostinho, A. **Discurso sobre a Ascensão do Senhor**, 98,1-2. PLS 2,494; cf. **Liturgia das Horas**, v. II, 828.

Na ascensão somos convidados a sentir Deus bem perto de nós e somos convocados a levá-lo a todos, sem distinção. Por isso mesmo, esta festa nos conecta intimamente à missão que, no mundo, ele nos manda realizar. É assim que celebramos, da melhor maneira possível, a ascensão do Senhor, o qual, indo aos céus, não nos deixa sós, mas muito bem acompanhados de sua assistência, proteção e amor. Quando sentimos o peso das nossas responsabilidades e nossa pequenez diante da extensão da missão, é ele próprio quem nos anima a realizarmos o importante mandamento de sermos testemunhas suas em todas as partes da terra.

A esse esperançoso contentamento que toma conta hoje de nossa celebração eucarística, faz eco as palavras do Salmo 46: "Povos todos do universo, batei palmas [...] o Senhor subiu ao toque da trombeta [...] Deus reina [...] está sentado no seu trono glorioso".

Unindo Palavra e liturgia

Em Lucas evangelista, o relato da ascensão recebe cores litúrgicas muito fortes (cf. Hb 4,14; 6,19-20; 9,24). Como o sumo sacerdote judaico desaparecia aos olhos da assembleia quando penetrava no Santo dos santos, também Cristo agora desaparece aos olhos dos apóstolos: "[...] afastou-se deles e foi levado para o céu" (v. 51). Relatando desse modo a cena da ascensão, o evangelista quer nos fazer compreender o papel sacerdotal a ser realizado pelo Ressuscitado. A ele caberá animar e assistir os seus, pondo em prática a sua única e insubstituível mediação entre Deus e os homens.[3]

A liturgia deste Domingo conecta de modo perfeito a ascensão aos céus à missão no mundo. Despedindo-se definitivamente de Jesus, no termo de sua vida terrestre, os discípulos permanecem cheios de alegria,

---

[3]   Cf. MAERTENS, Th.; FRISQUE, J. **Guia da assembleia cristã**, v. 4, 235.

fazendo que a nossa liturgia hoje também resplandeça de um contentamento tão santo quanto esperançoso. Daí a atitude de adoração que toma conta de nossos corações nesta solenidade: após serem abençoados, "eles o adoraram" (v. 52), nos assegura o trecho do hodierno Evangelho.

A liturgia é, em primeiro lugar, adoração do Deus vivo e verdadeiro. Sua função primordial é exatamente conduzir a Igreja dos filhos a cantar o canto novo do louvor e da ação de graças ao Pai, ao Filho e ao Espírito Santo. Afinal, não é bem verdade que, "na liturgia bate o próprio coração da Igreja", conforme nos garante Anton Baumstark?[4] E essa batida marca o passo solene e cadenciado daqueles adoradores que buscam adorar o Pai em Espírito e verdade.

A celebração eucarística bem pode contribuir para nos desvendar o sentido pleno da intervenção histórica de Cristo em meio à humanidade e sua plenitude, a qual se realiza por meio da definitiva entrega pela salvação da humanidade. Superando uma visão da ascensão do Senhor como se fosse o último capítulo de um acontecimento que encerra as aparições do Ressuscitado, mas sem particular significação para a nossa redenção em Cristo, a Eucaristia, ao celebrar esta solenidade, nos põe diante da missão universal do Senhor Jesus.

Compreendida como a expressão da exaltação celeste de Jesus, após sua fiel entrega de amor pelo outro, na ascensão Jesus obtém um senhorio divino e nos associa a essa sua divindade, exaltando a nossa dignidade de imagens e semelhanças de Deus. Com a ascensão do Senhor aos céus, inaugura-se em definitivo o tempo da Igreja, no qual é impossível encontrar-se com Cristo, senão aceitando sua plena divindade. Toda esta maravilhosa realidade o fiel é chamado a celebrar na liturgia da Igreja, em especial na Eucaristia, cume e fonte de toda a vida cristã.

---

[4] BAUMSTARK, A.; BOTTE, B. **Liturgie Comparée: principes et méthodes pour l'étude historique des liturgies chrétiennes**. Chevetogne-Paris: Ed. de Chevetogne, 1953 (Introduction).

Domingo de Pentecostes

Com o envio do Espírito, conclui-se o Tempo Pascal

Primeira leitura: At 2,1-11 – "Todos os escutamos anunciarem as maravilhas de Deus na nossa própria língua!"

Salmo responsorial: Sl 103(104),1ab.24ac.29bc-30.31.34 – "Enviai o vosso Espírito, Senhor, e da terra toda a face renovai."

Segunda leitura: 1Cor 12,3b-7.12-13 – "Ninguém pode dizer: 'Jesus é o Senhor', a não ser no Espírito Santo."

Evangelho: Jo 20,19-23 – "Recebei o Espírito Santo. A quem perdoardes os pecados, eles lhes serão perdoados; a quem os não perdoardes, eles lhes serão retidos."

Introduzindo o tema

Celebrando a cada ano a Festa das Semanas, os primitivos judeus faziam subir aos céus sua ação de graças pela colheita do trigo, sete semanas após a comemoração dos pães ázimos. Pelo fato de cair no quinquagésimo dia após a solenidade anterior, tal festa foi também chamada de Pentecostes. Ela marcava com júbilo e alegria o agradecimento do homem a seu Deus após o difícil trabalho de colheita e se realizava no Templo, com muitos sacrifícios, como nos revela Levítico 23,15-21. Mais tarde passou a recordar também a conclusão da Aliança no Sinai e a entrega do Decálogo a Moisés, comemorando também o momento em que Israel se constituiu como povo, o povo de Deus.

A festa de Pentecostes, juntamente com outras duas festividades judaicas, Páscoa e Tendas, no tempo de Jesus formavam as chamadas "festas de peregrinação". Assim, todo judeu, ao completar doze anos, devia peregrinar a Jerusalém todos os anos, pelo menos por ocasião de uma delas, para adorar o Senhor no Templo. A festa da Páscoa e a festa das Tendas eram também celebrações pastoris e agrícolas, mas que foram posteriormente relacionadas a acontecimentos da história salvífica de Israel.

Coincidentemente, quando os judeus celebravam o dia de Pentecostes em Jerusalém, segundo Atos dos Apóstolos 2,1-11, aconteceu o milagre da efusão do Espírito Santo sobre os apóstolos, visível em forma de línguas de fogo, e todos ficaram cheios de sua inspiração. Além do mais, segundo o evangelista João (cf. Jo 20,22), é no próprio dia de Páscoa que Cristo confere a seus apóstolos a plenitude do Espírito.

A festa cristã de Pentecostes concluía o grande período de alegria e ação de graças no qual a Igreja antiga, repetindo com frequência o canto do *Aleluia* e proibindo aos fiéis o jejum e a oração de joelhos, demonstrava toda a sua fé na ressurreição do Senhor. Entretanto, a partir do século IV, percebe-se um certo desenvolvimento do Domingo de Pentecostes de forma independente do tempo pascal, quando na sua vigília noturna passou-se a conferir também o Batismo aos que não puderam recebê-lo na Vigília Pascal. Hoje, porém, a Igreja reforça a festa de Pentecostes como conclusão natural do período pascal, quando estabelece nas "Normas Universais sobre o Ano Litúrgico e o Calendário" que os cinquenta dias entre a ressurreição e pentecostes seja celebrado como um único dia de festa ou como um grande domingo (cf. n. 22). Tal contentamento é ampliado pela prescrição de acender o círio pascal diante da comunidade, durante as celebrações litúrgicas, nesses cinquenta dias pascais, o que confere a todo o grande período de Páscoa as marcas do Cristo ressuscitado.

Até a reforma do Concílio Vaticano II, era costume apagar e retirar da Igreja o círio pascal logo após a proclamação do Evangelho da festa da ascensão do Senhor, o que podia levar a interpretar que Cristo glorioso já não mais estava presente em meio à comunidade após a sua ascensão. A partir da última reforma litúrgica, o círio não só permanece aceso até o Domingo de Pentecostes, mas é dignamente conservado durante o resto do ano junto à fonte batismal, para que a partir dele sejam acesas as velas dos neobatizados que começam a fazer parte da comunidade dos salvos pelo santo Batismo.

Comentando a Palavra

O sentido da festa de hoje nos é comunicado especialmente pelo texto dos Atos dos Apóstolos, lido como primeira leitura da missa. Aí encontramos o relato do próprio acontecimento, segundo a redação de Lucas. Sendo Pentecostes a festa da aliança, na qual, conforme os judeus acreditavam, foram concluídas as alianças estabelecidas por Deus com Noé, Abraão, Moisés e outros personagens, também neste dia o Novo Testamento vê a restauração da nova aliança fixada agora entre Deus e o novo povo.

Alguns elementos descritos no texto dos Atos são típicos da aliança do Sinai, como o barulho e a forte ventania. E assim como "todo o monte Sinai fumegava, pois o Senhor havia descido sobre ele em meio ao fogo; a fumaça subia como de uma fornalha, e todo o monte tremia violentamente" (Ex 19,18), a mesma manifestação invade o lugar em que os discípulos estão reunidos. As línguas de fogo que posam sobre eles, conforme o versículo 3, podem também ser compreendidas no próprio contexto do Sinai. Elas mostram Javé falando na chama de fogo e indicam o universalismo desta palavra, que, embora tenha sido dita diante de todas as nações, Israel foi o único a concretamente ouvi-la.

A partir do versículo 5, após descrever a descida do Espírito Santo, Lucas passa a narrar o dom das línguas. Aqui, porém, não se trata de um "falar a Deus", como normalmente acontece no caso da glossolalia, mas de um "falar aos homens", "pois cada um ouvia os discípulos falar em sua própria língua" (v. 6). A menção da multidão presente em Jerusalém naquele dia, mesmo que tenha omissões importantes, pois esquece regiões como a Grécia e tantas outras, não quer ser uma descrição fiel dos fatos, mas pretende indicar apenas que é todo o universo que aí se encontra.

A lei nova da nova aliança que Pentecostes promulga, não vem gravada mais na pedra, mas nos corações, por meio do Espírito do Senhor. E mais que uma lei, agora Deus dá a seu povo o seu próprio Espírito. Este Espírito realiza na Eucaristia um novo Pentecostes, na medida em que reúne, em torno ao Ressuscitado, homens das mais variadas línguas, povos, raças e nações.[1]

O Evangelho apresentado na liturgia deste Domingo, foi extraído do texto previsto para o segundo Domingo da Páscoa e relata a aparição de Jesus a seus discípulos. A cena se situa na tarde do dia da ressurreição, quando os discípulos estão reunidos com as portas fechadas "por medo dos judeus" (v. 19b). A observação das portas fechadas acentua tanto o medo dos discípulos como o poder divino do Ressuscitado, para o qual não existe nenhum tipo de barreira.

A primeira saudação de Jesus refere-se à paz. A "paz" aqui indica o dom total do Ressuscitado a seus discípulos, como já vimos, o que,

---

[1]   Cf. MAERTENS, Th.; FRISQUE, J. **Guia da assembleia cristã**, 4,291-292.

na teologia de João, adquire um significado muito profundo. Mostrando os sinais da crucificação, Jesus faz ver que se trata dele mesmo, o que traz alegria à comunidade reunida. Os discípulos são, a seguir, enviados pelo Senhor, o qual, soprando sobre todos, lhes comunica o Espírito Santo. O verbo usado no texto para indicar este "soprar", é o mesmo usado no relato da criação do primeiro homem no Gênesis: "Soprou-lhe nas narinas o sopro da vida e ele tornou-se ser vivente" (Gn 2,7), o que mostra o Espírito operando aqui uma verdadeira recriação. Finalmente, pelo dom do Espírito, o Ressuscitado transmite aos discípulos o poder de perdoar ou de reter os pecados.

Aprofundando a Palavra

Os acontecimentos narrados no livro dos Atos dos Apóstolos nos dão conta da grandiosidade da celebração de Pentecostes. O Espírito do Senhor realiza na vida dos discípulos uma mudança tão aguda, que os faz passar do medo à coragem, da timidez à desenvoltura, do silêncio ao entusiasmado anúncio das maravilhas de Deus. O mesmo entusiasmo toma conta dos discípulos quando o Ressuscitado se põe no meio deles, conforme a descrição do texto do Evangelho de João. É de novo o Espírito Santo quem lhes traz redobrado vigor, contagiando-os em vista da proclamação da Palavra de Deus a todos os povos.

Mas o texto da segunda leitura, tirada do capítulo 12 da Primeira Carta de São Paulo aos Coríntios, também contribui neste dia com uma reflexão assaz importante. O apóstolo inicia o capítulo oferecendo critérios para o reconhecimento do verdadeiro carisma. Um carisma autêntico só pode levar a professar a fé em Jesus Cristo (v. 3b).

Outro critério deve se encontrar na unidade do Espírito em vista da colaboração dos diversos carismas, apesar da diversidade de dons, ministérios e atividades que podem subsistir em meio à comunidade. Estando um Deus único na origem de todos eles, os carismas não se opõem nem entram em concorrência entre si, mas se unificam, nas graças particulares, nos trabalhos comunitários, bem como em qualquer atividade admirável (vv. 4-7).

Um último critério de discernimento se orienta para a unidade de todo o corpo. O corpo é um, mas formado por diferentes membros; o mesmo acontece com Cristo. Se os carismas são distribuídos em vista da utilidade comum, o que contribui para a unidade do corpo deve ser conservado, enquanto o que não contribui para tal unidade deve ser excluído (vv. 12-13).

A atualidade desses critérios oferecidos por Paulo é indiscutível. A Igreja continua conduzida pelo mesmo Espírito que a inspira constantemente. A autêntica fé no Senhor precisa encontrar aí a sua expressão fundamental. Ela é composta por uma hierarquia, mas possui variadas expressões particulares inspiradas pelo Espírito em vista da missão, em vista da sua vivência interior e das necessárias reformas. Todos devem ser ouvidos e suas contribuições avaliadas segundo a unidade do mesmo Espírito.

Os mais diversos procedimentos da comunidade podem e devem contribuir para a vitalidade de todo o corpo e, sem eles, a Igreja careceria de força e perderia completamente o seu vigor. Assim sendo, deve orientar-se apenas para o bem comum, enquanto exprime diante do mundo o testemunho do seu único Senhor. Além do mais, não pode semear perturbações, lançar discórdias ou comprometer-se com estruturas alheias a seu modo próprio de ser, pois subsiste na unidade do mesmo Espírito.

Talvez o refrão do salmo responsorial da missa de hoje possa adequadamente nos inspirar na busca de uma necessária renovação na unidade do Espírito, quando proclama: "Enviai o vosso Espírito Senhor, e da terra toda a face renovai".

Unindo Palavra e liturgia

A solenidade de Pentecostes nos leva ao tema da unidade da Eucaristia. A Eucaristia é, em si mesma, *signum unitatis* ("sinal de unidade"), como bem salientou Santo Agostinho.[2] E a assembleia litúrgico--eucarística é una, congregando a todos: presentes, ausentes, doentes, também os que já gozam das bem-aventuranças celestes e, até mesmo, os pecadores, contanto que não se tenham excluído ou claramente renegado seu Batismo. Mas, para que essa unidade se manifeste clara, tanto na ação eucarística como na vida da Igreja, é necessário que seja mediatizada pela unidade visível da assembleia celebrante e, para além da celebração, que se faça concreta na existência de cada cristão. Trata--se, pois, de uma unidade que já é oferecida pela Eucaristia, mas que, ao mesmo tempo, deve ser conquistada, realizada, atualizada, vivenciada, construída.

Sobre a questão, a Instrução *Eucharisticum Mysterium*[3] é incisiva quando proclama:

Porque pelo Batismo "não existe judeu nem grego, escravo ou livre, homem ou mulher", mas todos são uma só coisa em Cristo Jesus (cf. Gl 3,28), a assembleia que manifesta mais plenamente a natureza da Igreja na Eucaristia é aquela na qual se encontram reunidos fiéis de cada raça, idade e condição.

---

[2] AGOSTINHO, A. **Comentário ao Evangelho de João**, 26,13. PL 35,1613.

[3] SAGRADA CONGREGAÇÃO DOS RITOS. **Eucharisticum Mysterium**. Instrução de 25 de maio de 1967, sobre o culto do mistério eucarístico.

A unidade desta comunidade "tem sua origem no único pão ao qual todos participam" (n. 16).

Reunir pessoas diversas na unidade da mesma fé, como acontece normalmente nas nossas missas, é tarefa impossível ao simples homem. Só o Senhor consegue, para além de toda diferença e de toda separação, congregar, já aqui na terra, seres de diferentes línguas, raças e de variadas condições na identidade de uma mesma comunidade. A assembleia é congregação não de uma elite de puros, mas de pessoas fracas e pecadoras (1Cor 11,30; 1Jo 1,8-10), e isso exige de cada membro um contínuo comportamento penitencial, uma constante abertura à conversão em direção a Deus e aos irmãos.

A própria formação do grupo dos apóstolos de Jesus poderia ser um exemplo dessa união na diversidade realizada pelo Senhor, no qual aparecem congregadas pessoas tão diferentes entre si, como o publicano Mateus e o nacionalista Simão, o Zelota. Ainda hoje o Senhor continua chamando pessoas de condições diversas e até contrastantes para a vivência comum da única fé. Mas a cada uma delas o mesmo Senhor, tanto hoje como outrora, não cessa de exigir uma contínua, eficaz e sincera atitude de conversão. Sem tal esforço, vão e sem sentido será o nosso culto. Continuamos assim celebrando, na espera do tempo escatológico em que, superando toda crise, todo conflito e divisão, viveremos a plenitude de uma eterna assembleia.

O culto eucarístico, sendo verdadeiro, não aliena e nem pode levar a esquecer os graves problemas do mundo. Ele, pelo contrário, dá força e vigor com vistas à transformação desse mesmo mundo em lugar mais humano. E, se mais humano, também mais divino.

Bibliografia

ADAM, A. *O ano litúrgico. Sua história e seu significado segundo a renovação litúrgica.* São Paulo: Paulinas, 1982.

AGOSTINHO, A. *Comentário ao Evangelho de João.* PL 35,1613; CCL 36.

_____. *Discurso sobre a Ascensão do Senhor,* 98,1-2. PLS 2,494-495.

_____. *Liturgia das Horas,* v. II, p. 828.

ALDAZÁBAL, J. *A mesa da palavra I. Elenco das leituras da missa.* São Paulo: Paulinas, 2007.

BAUMSTARK, A.; BOTTE, B. *Liturgie Comparée: principes et méthodes pour l'étude historique des liturgies chrétiennes.* Chevetogne-Paris: Ed. de Chevetogne, 1953.

BECKHAUSER, Alberto. *Peregrinação de Etéria. Liturgia e catequese em Jerusalém no século IV.* 2. ed. Petrópolis: Vozes, 2004.

BERGAMINI, A. Cristo, festa da Igreja. *O ano litúrgico.* São Paulo: Paulinas, 1994.

BOUZON, E.; ROMER, K. J. *A Palavra de Deus. No anúncio e na oração.* São Paulo: Paulinas, 1980.

CNBB. *A caminho na luz de Cristo. Roteiros homiléticos da Quaresma. Março e abril – Ano A.* Brasília: Ed. CNBB, 2014.

FARNÉS, P. *A mesa da palavra II. Leitura da Bíblia no Ano Litúrgico.* São Paulo: Paulinas, 2007.

KONINGS J. *Liturgia dominical. Mistério de Cristo e formação dos fiéis (Anos A, B, C).* 4. edição. Petrópolis: Vozes, 2003.

LEÃO MAGNO. *Sermão sobre a Quaresma.* 1-2; PL 54,285-287

_____. *Liturgia das Horas.* v. II, p. 50-51.

_____. *Discurso sobre a Ascensão* 2. PL 54,398.

MAERTENS, Th.; FRISQUE J. *Guia da Assembleia Cristã,* v. 3 e 4. Petrópolis: Vozes, 1970.

MELO, J. R. *A missa e suas partes. Para viver e celebrar a eucaristia.* São Paulo: Paulinas, 2011.

HERMAS. *Padres Apostólicos. O Pastor de Hermas.* Trad. Ivo Storniolo. São Paulo: Paulus, 1995, p. 161-171.

SAGRADA CONGREGAÇÃO DOS RITOS. *Eucharisticum Mysterium.* Instrução de 25 de maio de 1967, sobre o culto do mistério eucarístico.

Sumário

Introdução	3
Quarta-Feira de Cinzas	7
Primeiro Domingo da Quaresma	19
Segundo Domingo da Quaresma	29
Terceiro Domingo da Quaresma	37
Quarto Domingo da Quaresma	45
Quinto Domingo da Quaresma	53
Domingo de Ramos da Paixão do Senhor	61
Quinta-Feira Santa – Missa da Ceia do Senhor	69
Sexta-Feira Santa da Paixão do Senhor – Celebração da Paixão	79
Vigília Pascal na Noite Santa	89
Primeiro Domingo de Páscoa	101
Segundo Domingo de Páscoa	113
Terceiro Domingo de Páscoa	123
Quarto Domingo de Páscoa	131
Quinto Domingo de Páscoa	139
Sexto Domingo de Páscoa	149
Ascensão do Senhor	157
Domingo de Pentecostes	165
Bibliografia	173

Impresso na gráfica da
Pia Sociedade Filhas de São Paulo
Via Raposo Tavares, km 19,145
05577-300 - São Paulo, SP - Brasil - 2015